MELHORES
POEMAS

Gonçalves Dias

Direção
EDLA VAN STEEN

MELHORES
POEMAS

Gonçalves Dias

Seleção
JOSÉ CARLOS GARBUGLIO

© José Carlos Garbuglio, 1991
7ª Edição, Global Editora, São Paulo 2001
5ª Reimpressão, 2021

Jefferson L. Alves – diretor editorial
Flávio Samuel – gerente de produção
Dida Bessana – coordendora editorial
Tatiana F. Souza – assistente editorial e revisão
Victor Burton – capa
Neili Dal Rovere – editoração eletrônica

Obra atualizada de acordo com o
NOVO ACORDO ORTOGRÁFICO DA LÍNGUA PORTUGUESA

Dados Internacionais de Catalogação na Publicação (CIP)
(Câmara Brasileira do Livro, SP, Brasil)

Dias, Gonçalves, 1823-1864.
 Melhores poemas Gonçalves Dias / Seleção
José Carlos Garbuglio – 7. ed. – São Paulo : Global,
2001. (Melhores poemas ; 24).

ISBN 978-85-260-0272-2

1. Poesia brasileira. I. Garbuglio, José Carlos,
1931. – II. Título. III. Série.

91-1719   CDD-869.91

Índices para catálogo sistemático:
1. Poesia : Literatura brasileira   869.91

Direitos Reservados

global editora e distribuidora ltda.
Rua Pirapitingui, 111 — Liberdade
CEP 01508-020 — São Paulo — SP
Tel.: (11) 3277-7999
e-mail: global@globaleditora.com.br

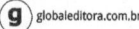 globaleditora.com.br   /globaleditora
 blog.globaleditora.com.br   /globaleditora
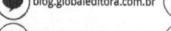 /globaleditora   /globaleditora
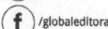 /globaleditora

 Colabore com a produção científica e cultural.
Proibida a reprodução total ou parcial desta obra
sem a autorização do editor.

Nº de Catálogo: **1704**

José Carlos Garbuglio nasceu em Santa Rita do Passa Quatro, SP, em 1931. Formado em Letras Clássicas pela USP, lecionou na Faculdade de Filosofia, Ciências e Letras de Assis (1962-1967) e na Faculdade de Filosofia, Letras e Ciências Humanas da USP (1967-1990); lecionou também em várias universidades francesas, inclusive na Sorbonne. Foi um dos fundadores do atual sistema de pós-graduação. Também foi colaborador do suplemento literário d'*O Estado de S. Paulo*. E, além de artigos em jornais e revistas nacionais e estrangeiras, publicou os seguintes livros: *O universo estético-sensorial de Graça Aranha* (Assis: Faculdade de Filosofia, Ciências e Letras, 1970); *Literatura e realidade brasileira* (São Paulo: Conselho Estadual de Cultura, 1970); *O mundo movente de Guimarães Rosa* (São Paulo: Ática, 1972); *El mundo mágico de Guimarães Rosa* (Buenos Aires: Editorial Garcia Cambeiro, 1972 – tradução do livro anterior para o espanhol); *Machado de Assis* (São Paulo: Ática, 1982 – em colaboração); *Graciliano Ramos* (São Paulo: Ática, 1987 – em colaboração); *A poesia de Manuel Bandeira* (São Paulo: Ática, 1998). E traduziu do francês *A metafísica do Grande Sertão*, de Francis Uteza (São Paulo: Edusp, 1994).

INTRODUÇÃO

Um dos maiores escritores brasileiros de todos os tempos, Gonçalves Dias é também considerado pela crítica e história literária o fundador da poesia nacional. Reconhecida pelos especialistas, aclamada pelo povo, sua obra vem atravessando o tempo sem conhecer declínio. Em momento de fundamental importância do desenvolvimento da literatura brasileira, ele deu o impulso decisivo na direção do romantismo, realizando o que foi apenas intenção em Gonçalves de Magalhães e seu grupo, na década anterior. Consagrando entre nós aquele movimento literário e dando-lhe bases concretas, se transformou em modelo para os poetas que o sucederam, desde Álvares de Azevedo até Castro Alves, indicando caminhos e modos de operação. Depois da pregação oficial de Magalhães e das expectativas criadas pela nação recém-independente, a poesia de Gonçalves Dias dá um toque de grandeza na frouxidão existente e firma de vez as tendências ainda incertas na temática e na forma de tratamento da matéria, graças especialmente às altas qualidades de sua produção literária, exemplar nesse sentido.

Herdeiro do setecentismo, sob cujos influxos se formou, seus poemas se enquadram, por mais de um aspecto, nas tendências neoclássicas. Deixam-se pautar pela harmonia e equilíbrio dos clássicos em que a contensão aparece como elemento central e orientador da própria composição. Dessa filiação decorrem a sobriedade e elegância que o afastam por isso mesmo dos excessos que vieram depois dele no romantismo brasileiro, todos marcados pelos desbordamentos e extravagâncias românticas.

É possível que esse equilíbrio e sobriedade, somados ao domínio da técnica poética e ao sentido do ritmo que marcam sua poesia, possam responder pela permanência e popularidade de sua obra, enquanto outros poetas românticos, mais derramados, mais "românticos", segundo a noção popular que o termo veio adquirindo, perderam vigor e atualidade. Ficaram muito circunscritos à ocasião e concepções dominantes, enquanto ele se aproximava dos critérios universalistas alcançando esferas mais amplas, em que a emoção se liberta do peso da temporalidade alargando seus pontos de reação e estímulo, atingindo círculo maior de pessoas, independentemente do momento e da formação. Talvez repouse aí o segredo de um poema como a "Canção do exílio", que resistiu a tudo apesar do banalismo a que foi submetida e guardou intactos seu sortilégio e magia a ponto de continuar ainda a inspirar novas canções do exílio.

    A menção ao mais popular poema de Gonçalves Dias já permite falar do seu nacionalismo literário, dentro das propostas do romantismo brasileiro. Embora o indianismo constitua a parte mais representativa dessa tendência, com mais numerosos e conhecidos poemas, é preciso não esquecer que as formas de representação da natureza ocupam parte substancial de sua poesia. Além de fazer seu registro, o poeta cria algumas imagens que depois se convertem em padrão de referência, em símbolo evocador do espaço e da paisagem brasileiros. Bastaria lembrar, de pronto, palmeira e sabiá, sem maiores alongamentos. Embora se saiba que ambos penetraram a literatura antes dele, foi Gonçalves Dias que lhes infundiu densidade poética e simbólica e lhe deu aquele especial poder de encanto e sedução.

    Esse um lado da questão nacionalista. O que sobressai e se destaca de maneira quase dominante é a feição indianista. Todo instrumental técnico e refinamento do poeta são chamados para dar configuração ao tema que desse modo também se reduz a padrões da poesia ocidental europeia. Interferem nessa configuração não apenas os modelos de que se serviu o poeta para dar trânsito ao tema (Chateaubriand, em especial), mas também a sólida formação estética de Gonçalves Dias que atua de modo decisivo para modelar suas criações, a perspectiva assumida e o modo de tratar o assunto. Ademais, é preciso ver em seu índio não o selvagem americano que se possa reconhecer na etnologia, mas o ser poético elaborado segundo as convenções da lírica ocidental e, principalmente, uma importante contribuição ao enriquecimento do patrimônio cultural recebido.

    Ao tratar o índio de acordo com os padrões poéticos conhecidos, Gonçalves Dias dá ênfase aos valores e qualidades simbólicos que lhe permitem traço de generalização mais amplo, mais próprios aos intuitos de heroicização e de engrandecimento do nascente orgulho nacional. Não se trata, pois, de procurar o selvagem brasileiro, mas de organizar os dados de uma figura que se preste à elaboração do herói requisitado pelas necessidades emergentes, com atributos positivos que aperfeiçoem o compreensível desejo de engrandecimento. Os fundamentos do romantismo e sua preocupação em valorizar o passado se prestam como luva para as aspirações e empreendimento vislumbrado. Na verdade, o índio que temos diante de nós é um acabado exemplar de atributos e virtudes da cultura branca, de que é herdeiro o poeta, e que se padronizou em esquemas literários. Ou, se se quiser ver de outro ângulo, o poeta exalta qualidades respeitadas pelos padrões da cultura e ética recebidas. É preciso então não procurar nesse índio elementos de identificação etnológica que o liguem à realidade antropológica de certo espaço geográfico. Virtude, coragem, bravura, honra, despreendimento, fidelidade, atributos que ocorrem com frequência na poesia do índio de Gonçalves Dias, independentemente de pertencerem ao selvagem, identificam o cavalheiro medieval enaltecido na literatura romântica, assim como o centro do comportamento cultural europeu.

O que deu configuração e direito de circulação a esse índio, no entanto, não foram aqueles componentes, mas os altos valores literários de sua poesia que conseguiram ao mesmo tempo elevar a Literatura Brasileira ao plano da maturidade. Fruí-lo em sua verdade estética e a riqueza de sua expressão poética é mais importante do que a preocupação de saber se ele fez ou não ciência, de acordo com os padrões reconhecidos e consagrados.

Desse modo, e voltando-se para sua obra, a primeira constatação que se pode fazer é a de que dotou seus poemas de um poderoso efeito rítmico, contagiante e às vezes anestesiante, que Manuel Bandeira identificou com o ritmo do anapesto, fortemente sensível em versos como "Sou bravo, sou forte", ou "Tu choraste em presença da morte". Ainda segundo Bandeira, a maioria de seus versos pode ser reduzida ao anapesto. Este o primeiro componente de envolvimento do leitor, afinado com o poeta pelos sentidos se deixa conduzir pela cadência sedutora dos versos enquanto vai assimilando os valores da poesia. O poema dramático "I-Juca-Pirama" é de extraordinária riqueza nesse sentido e de feliz aproveitamento dos recursos rítmicos. As variações psicológicas do guerreiro aprisionado e os diferentes momentos da preparação do ritual da festa se expressam na mobilidade rítmica dos versos e acentuam as fases do drama vivido, desde o momento, por excelência da poderosa força poética, da "maldição", até a reabilitação do guerreiro que, tocado pelo sentimento bem ocidental de dever e amor filial, se deixara abater diante do inimigo. A oscilação rítmica ressalta o jogo entre sentimento e dever, para aumentar o sentido do drama e o valor do guerreiro, e se encontra, no seu todo, mais próxima dos padrões da cavalaria medieval que da ética indígena. Momento obrigatório de antologia, "I-Juca-Pirama" é o momento de esplendor enquanto força criadora do poeta, quando a poesia indianista atinge a plenitude, sem esquecer "Leito de folhas verdes" e "Marabá". Mais que poemas indianistas, são obras-primas da lírica pelo que conseguem realizar da emoção amorosa, ao mesmo tempo em que enriquecem a tradição ao introduzir em sua estrutura elementos novos e diferenciadores, como o pitoresco e o exótico que permitem identificar e localizar os poemas em questão. No caso de "Marabá", o desprezo da mulher por causa de sua mestiçagem, repudiada pelos valores locais, torna a frustração amorosa tanto mais pungente à vista da beleza feminina que se vê discriminada. A inserção desse dado na tradição lírica ajuda a compor seu patrimônio, com a contribuição pessoal.

Depois de emprestar categoria e reconhecimento ao tema indianista, a grande ambição de Gonçalves Dias seria a realização da epopeia "Os Timbiras", projetada em dezesseis cantos, dos quais apenas quatro se completaram, deixando-a portanto inconclusa. Em carta enviada ao seu amigo Antônio Henriques Leal, o poeta explica suas pretensões e intenções: "... estive coisa de cinquenta dias em uma chácara do Serra e durante todo aquele santo ócio, como diria Virgílio, nada mais fiz do que fumar, caçar e imaginar. Imaginei um poema... magotes de tigres, de coatis de cascavéis; imaginei mangueiras e jaboticabeiras copadas, jequitibás e ipês arrogantes, sapucaieiros e jambeiros, de palmeiras nem falemos; guerreiros diabólicos, mulheres feiticeiras, sapos e jacarés em conta; enfim um gênese americano, uma *Ilíada* brasileira. Passa-se a ação no Maranhão e vai terminar no Amazonas com a dispersão dos timbiras, guerra entre eles e depois com os portugueses" (*apud* Bandeira, Manuel. *Poesia e vida de Gonçalves Dias*. São Paulo: Editora das Américas, 1962, p. 66).

No conjunto o poema deixa a impressão de descenso e mesmo de malogro. Querendo exaltar os guerreiros que tanto amou e admirou acaba por criar uma epopeia frouxa, sem um nervo central, com muita repetição e raros versos que denunciam o grande cantor dos índios brasileiros e nessa direção Gonçalves Dias não conseguiu ir além de outros poetas que tentaram a empreitada épica, desde Gonçalves de Magalhães. A narrativa de fatos e feitos passava por outro gênero literário a esta altura dos acontecimentos e foi desaguar na prosa de José de Alencar, mais consentânea com os tempos modernos.

Na linha de valorização do elemento nacional, como já fizemos ver, pode-se colocar a poesia de exaltação ou simples descrição da paisagem brasileira. Aproximada à poesia da natureza (*Hinos*, em especial o poema "O mar"), a seus estados de solidão e melancolia, está a poesia religiosa ("Visões", "A ideia de Deus"), dentro das linhas de valorização propostas pelo romantismo: tudo aparece como projeção da vontade divina ou expressões que se ligam aos estados íntimos do poeta. Um poema como a "Canção do exílio" é fecundo no sentido de associação da natureza com a exaltação da nacionalidade, quando dimensiona o espaço geográfico, por mais abstrato que seja, sob a égide da grandeza sem limites e da generosidade extremas: "Nosso céu tem mais estrelas,/ Nossas várzeas têm mais flores,/ Nossos bosques têm mais vida,/ Nossa vida mais amores" etc., forjando a imagem do recanto paradisíaco projetando neste "Lá" onde cabem todos os nossos sonhos e desejos.

    Outro lado fecundo da poesia de Gonçalves Dias é a lírica amorosa. A maioria dos poemas amorosos de Gonçalves Dias, segundo uma vertente crítica que se vem firmando cada vez mais, é decorrência de dores fictícias – nem por isso menos sofridas – que se passam na imaginação do poeta, de homem que se comprazia em figurar dificuldades e impossibilidades, e não consequência de frustrações ou decepções pessoais. Os biógrafos insistem em que seus borboleteios amorosos, certa incapacidade de se fixar em alguém e experimentar na realidade as desditas amorosas, se devam exatamente a esta propensão para figurar dores e desventuras. Ao que tudo indica teve o poeta um grande amor não coroado, ao que parece por sua mesma falta de insistência e persistência: Ana Amélia, cuja família lhe recusou o pedido de casamento por questões de preconceito racial (o poeta era mestiço, filho de português e mãe mestiça). Teria sido esse impedimento o responsável pelo frêmito dramático que perpassa o mais forte e bem realizado poema de amor produzido por Gonçalves Dias: "Ainda uma vez – adeus!" e o provocador de seu sofrimento e desdita amorosa.

    Na verdade, Gonçalves Dias alimenta no espírito uma imagem ideal da figura amorosa e à qual procura adequar a própria realidade dos sentimentos que vai experimentando nos vários momentos da vida, toda vez que alguém lhe desperta o sentimento amoroso. E isso cria, está visto, o sentido da impossibilidade afetiva e efetiva, que explica o perpassar pelas várias experiências sem se deter em nenhuma, assim como o impulso que o leva sempre à busca do objeto ideal, enquanto se vai nutrindo a própria insatisfação. Esse descompasso intensifica a interiorização das dores reais e fictícias até explodir em poemas como "Se se morre de amor" e especialmente na pungência cortante de "Ainda uma vez – adeus!", composto ao que tudo indica depois do reencontro, em Lisboa, com Ana Amélia, casada, mal e por despeito, segundo as informações dos seus biógrafos. A insatisfação recalcada se manifesta agora no ritmo do redondilho maior, todo entrecortado de reticências, de pontos e vírgulas, de exclamações e suspensões como o canto engasgado de quem parecia comprazer-se com a desventura, enfim, justificada. Até que ponto a realidade interferiu na construção do poema, ou o poema na construção de uma suposta realidade acalentada pelos seus estudiosos é muito difícil saber. Como o poema é o único documento que se tem, o que vale é sua verdade, aquele frêmito que nos atravessa a emoção toda vez que o lemos. É importante considerá-lo em sua excelência poética, no feliz achado de sua arquitetura. De fato, apesar do dilaceramento que o poema deixa entrever na pessoa, o poeta consegue suster o derramamento e manter-se nas linhas da tradição setecentista.

Desse modo o retorno se faz inevitável e nos leva ao ponto de partida: contensão e equilíbrio ajudam a manter viva a poesia como fonte de prazeres sempre renovados.

Para completar este esboço, não poderia faltar uma palavra sobre o virtuosismo do poeta. A facilidade com que domina o ritmo pode ser observada ao longo de toda obra, assim como o uso dos mais diferentes metros de que "A tempestade" é o mais conhecido dos exemplos, por comportar quase todos os metros possíveis em língua portuguesa. De outro ponto de vista o grande conhecimento de poesia, das fontes eruditas e medievais da língua, a familiaridade com a lírica portuguesa, desde os cancioneiros, permitiram a elaboração de *As sextilhas do Frei Antão* em que se faz presente aquele decantado virtuosismo. Mas não é só isso, nem apenas o conhecimento da língua, como já quiseram insinuar. Nem a erudição nem certos maneirismos conseguem abafar a pulsão lírica dos setessílabos das *Sextilhas,* pois a força dos versos acorda a emoção e toca a sensibilidade com mais frequência que outros poemas do próprio poeta. Mais do que lição de conhecimento da língua, pois, é forma de valorização de tradições culturais e históricas, reconhecidas e admiradas no desenvolvimento português como o foram também suas peças de teatro, todas voltadas para as fontes da tradição portuguesa.

Consolidador do romantismo e da literatura nacional, Gonçalves Dias permanece vivo e atuante na Literatura Brasileira, desde a publicação dos *Primeiros cantos* em 1843, quando abriu caminho para as gerações seguintes, até os tempos atuais, na poesia e na música popular onde o seu sabiá continua cantando com acentos novos e renovados.

José Carlos Garbuglio

POEMAS

De PRIMEIROS CANTOS

POESIAS AMERICANAS

*Les infortunes d' un obscur habitant
des bois auraient-elles moins de droits à
nos pleurs que celles des autres hommes?*
                                CHATEAUBRIAND

PRÓLOGO DA PRIMEIRA EDIÇÃO

Dei o nome de PRIMEIROS CANTOS *às poesias que agora publico, porque espero que não serão as últimas.*

Muitas delas não têm uniformidade nas estrofes, porque menosprezo regras de mera convenção; adotei todos os ritmos da metrificação portuguesa, e usei deles como me pareceram quadrar melhor com o que eu pretendia exprimir.

Não têm unidade de pensamento entre si, porque foram compostas em épocas diversas – debaixo de céu diverso – e sob a influência de impressões momentâneas. Foram compostas nas margens viçosas do Mondego e nos pincaros enegrecidos do Gerez – no Doiro e no Tejo – sobre as vagas do Atlântico, e nas florestas virgens da América. Escrevia-as para mim, e não para os outros; contentar-me-ei, se agradarem; e se não... é sempre certo que tive o prazer de as ter composto.

Com a vida isolada que vivo, gosto de afastar os olhos de sobre a nossa arena política para ler em minha alma, reduzindo à linguagem harmoniosa e cadente o pensamento que me vem de improviso, e as ideias que em mim desperta a vista de uma paisagem ou do oceano – o aspecto enfim da natureza. Casar assim o pensamento com o sentimento – o coração com o entendimento – a ideia com a paixão – colorir tudo isto com a imaginação, fundir tudo isto com a vida e com a natureza, purificar tudo com o sentimento da religião e da divindade, eis a Poesia – a Poesia grande e santa – a Poesia como eu a compreendo sem a poder definir, como eu a sinto sem a poder traduzir.

O esforço – ainda vão – para chegar a tal resultado é sempre digno de louvor; talvez seja este o só merecimento deste volume. O Público o julgará; tanto melhor se ele o despreza, porque o Autor interessa em acabar com essa vida desgraçada, que se diz de Poeta.

Rio de Janeiro – julho de 1846.

CANÇÃO DO EXÍLIO

> *Kennst du das Land, wo die Citronen, blühen,*
> *Im dunkeln die Gold-Orangen glühen,*
> ....
> *Kennst du es wohl? – Dahin, dahin!*
> *Möcht ich... ziehn.*
>
> GOETHE

Minha terra tem palmeiras,
Onde canta o Sabiá;
As aves, que aqui gorjeiam,
Não gorjeiam como lá.

Nosso céu tem mais estrelas,
Nossas várzeas têm mais flores,
Nossos bosques têm mais vida,
Nossa vida mais amores.

Em cismar, sozinho, à noite,
Mais prazer encontro eu lá;
Minha terra tem palmeiras,
Onde canta o Sabiá.

Minha terra tem primores,
Que tais não encontro eu cá;
Em cismar – sozinho, à noite –
Mais prazer encontro eu lá;
Minha terra tem palmeiras,
Onde canta o Sabiá.

Não permita Deus que eu morra,
Sem que eu volte para lá;
Sem que desfrute os primores
Que não encontro por cá;
Sem qu'inda aviste as palmeiras,
Onde canta o Sabiá.

Coimbra – Julho 1843

O CANTO DO GUERREIRO

I

Aqui na floresta
Dos ventos batida,
Façanhas de bravos
Não geram escravos,
Que estimem a vida
Sem guerra e lidar.
– Ouvi-me, Guerreiros.
– Ouvi meu cantar.

II

Valente na guerra
Quem há, como eu sou?
Quem vibra o tacape
Com mais valentia?
Quem golpes daria
Fatais, como eu dou?
– Guerreiros, ouvi-me;
– Quem há, como eu sou?

III

Quem guia nos ares
A frecha imprumada,
Ferindo uma presa,
Com tanta certeza,
Na altura arrojada

Onde eu a mandar?
– Guerreiros, ouvi-me,
– Ouvi meu cantar.

IV

Quem tantos imigos
Em guerras preou?
Quem canta seus feitos
Com mais energia?
Quem golpes daria
Fatais, como eu dou?
– Guerreiros, ouvi-me:
– Quem há, como eu sou?

V

Na caça ou na lide,
Quem há que me afronte?!
A onça raivosa
Meus passos conhece,
O imigo estremece,
E a ave medrosa
Se esconde no céu.
– Quem há mais valente,
– Mais destro do que eu?

VI

Se as matas estrujo
Co'os sons do Boré,
Mil arcos se encurvam,
Mil setas lá voam,
Mil gritos reboam.
Mil homens de pé
Eis surgem, respondem
Aos sons do Boré!
– Quem é mais valente,
– Mais forte quem é?

VII

Lá vão pelas matas;
Não fazem ruído:
O vento gemendo
E as matas tremendo
E o triste carpido
Duma ave a cantar,
São eles – guerreiros,
Que faço avançar.

VIII

E o Piaga se ruge
No seu Maracá,
A morte lá paira
Nos ares frechados,
Os campos juncados
De mortos são já:
Mil homens viveram,
Mil homens são lá.

IX

E então se de novo
Eu toco o Boré;
Qual fonte que salta
De rocha empinada,
Que vai marulhosa,
Fremente e queixosa,
Que a raiva apagada
De todo não é,
Tal eles se escoam
Aos sons do Boré.
– Guerreiros, dizei-me,
– Tão forte quem é?

O CANTO DO PIAGA

I

Ó guerreiros da Taba sagrada,
Ó guerreiros da Tribu Tupi,
Falam Deuses nos cantos do Piaga,
Ó guerreiros, meus cantos ouvi.

Esta noite – era a lua já morta –
Anhangá me vedava sonhar;
Eis na horrível caverna, que habito,
Rouca voz começou-me a chamar.

Abro os olhos, inquieto, medroso,
Manitôs! que prodígios que vi!
Arde o pau de resina fumosa,
Não fui eu, não fui eu, que o acendi!

Eis rebenta a meus pés um fantasma,
Um fantasma d'imensa extensão;
Liso crânio repousa a meu lado,
Feia cobra se enrosca no chão.

O meu sangue gelou-se nas veias,
Todo inteiro – ossos, carnes – tremi,
Frio horror me coou pelos membros,
Frio vento no rosto senti.

Era feio, medonho, tremendo,
Ó guerreiros, o espectro que eu vi,

Falam Deuses nos cantos do Piaga,
Ó guerreiros, meus cantos ouvi!

II

Por que dormes, ó Piaga divino?
Começou-me a Visão a falar,
Por que dormes? O sacro instrumento
De per si já começa a vibrar.

Tu não viste nos céus um negrume
Toda a face do sol ofuscar;
Não ouviste a coruja, de dia,
Seus estrídulos torva soltar?

Tu não viste dos bosques a coma
Sem aragem – vergar-se e gemer,
Nem a lua de fogo entre nuvens,
Qual em vestes de sangue, nascer?

E tu dormes, ó Piaga divino!
E Anhangá te proíbe sonhar!
E tu dormes, ó Piaga, e não sabes,
E não podes augúrios cantar?!

Ouve o anúncio do horrendo fantasma,
Ouve os sons do fiel Maracá;
Manitôs já fugiram da Taba!
Ó desgraça! ó ruína! ó Tupá!

III

Pelas ondas do mar sem limites
Basta selva, sem folhas, i vem;
Hartos troncos, robustos, gigantes;
Vossas matas tais monstros contêm.

Traz embira dos cimos pendente
– Brenha espessa de vário cipó –
Dessas brenhas contêm vossas matas,
Tais e quais, mas com folhas; é só!

Negro monstro os sustenta por baixo,
Brancas asas abrindo ao tufão,
Como um bando de cândidas garças.
Que nos ares pairando – lá vão.

Oh! quem foi das entranhas das águas,
O marinho arcabouço arrancar?
Nossas terras demanda, fareja...
Esse monstro... – o que vem cá buscar?

Não sabeis o que o monstro procura?
Não sabeis a que vem, o que quer?
Vem matar vossos bravos guerreiros,
Vem roubar-vos a filha, a mulher!

Vem trazer-vos crueza, impiedade –
Dons cruéis do cruel Anhangá;
Vem quebrar-vos a maça valente,
Profanar Manitôs, Maracás.

Vem trazer-vos algemas pesadas,
Com que a tribu Tupi vai gemer;
Hão-de os velhos servirem de escravos
Mesmo o Piaga inda escravo há de ser!

Fugireis procurando um asilo,
Triste asilo por ínvio sertão;
Anhangá de prazer há de rir-se,
Vendo os vossos quão poucos serão.

Vossos Deuses, ó Piaga, conjura,
Susta as iras do fero Anhangá.
Manitôs já fugiram da Taba,
Ó desgraça! ó ruína! ó Tupá!

DEPRECAÇÃO

Tupã, ó Deus grande! cobriste o teu rosto
Com denso velâmen de penas gentis;
E jazem teus filhos clamando vingança
Dos bens que lhes deste da perda infeliz!

Tupã, ó Deus grande! teu rosto descobre:
Bastante sofremos com tua vingança!
Já lágrimas tristes choraram teus filhos,
Teus filhos que choram tão grande mudança.

Anhangá impiedoso nos trouxe de longe
Os homens que o raio manejam cruentos,
Que vivem sem pátria, que vagam sem tino
Trás do ouro correndo, voraces, sedentos.

E a terra em que pisam, e os campos e os rios
Que assaltam, são nossos; tu és nosso Deus:
Por que lhes concedes tão alta pujança,
Se os raios de morte, que vibram, são teus?

Tupã, ó Deus grande! cobriste o teu rosto
Com denso velâmen de penas gentis;
E jazem teus filhos clamando vingança
Dos bens que lhes deste da perda infeliz.

Teus filhos valentes, temidos na guerra,
No albor da manhã quão fortes que os vi!
A morte pousava nas plumas da frecha,
No gume da maça, no arco Tupi!

E hoje em que apenas a enchente do rio
Cem vezes hei visto crescer e baixar...
Já restam bem poucos dos teus, qu'inda possam
Dos seus, que já dormem, os ossos levar.

Teus filhos valentes causavam terror,
Teus filhos enchiam as bordas do mar,
As ondas coalhavam de estreitas igaras,
De frechas cobrindo os espaços do ar.

Já hoje não caçam nas matas frondosas
A corça ligeira, o trombudo quati...
A morte pousava nas plumas da frecha,
No gume da maça, no arco Tupi!

O Piaga nos disse que breve seria,
A que nos infliges cruel punição;
E os teus inda vagam por serras, por vales,
Buscando um asilo por ínvio sertão!

Tupã, ó Deus grande! descobre o teu rosto:
Bastante sofremos com tua vingança!
Já lágrimas tristes choraram teus filhos,
Teus filhos que choram tão grande tardança.

Descobre o teu rosto, ressurjam os bravos,
Que eu vi combatendo no albor da manhã;
Conheçam-te os feros, confessem vencidos
Que és grande e te vingas, qu'és Deus, ó Tupã!

POESIAS DIVERSAS

A MINHA MUSA

> *Gratia, Musa, tibi; nam tu solatia praebes.*
> OVÍDIO

Minha musa não é como ninfa
Que se eleva das águas – gentil
Co'um sorriso nos lábios mimosos,
Com requebros, com ar senhoril.

Nem lhe pousa nas faces redondas
Dos fagueiros anelos a cor;
Nesta terra não tem uma esp'rança,
Nesta terra não tem um amor.

Como fada de meigos encantos,
Não habita um palácio encantado,
Quer em meio de matas sombrias,
Quer à beira do mar levantado,

Não tem ela uma senda florida,
De perfumes, de flores bem cheia,
Onde vague com passos incertos,
Quando o céu de luzeiros se arreia

Não é como a de Horácio a minha Musa;
Nos soberbos alpendres dos Senhores
   Não é que ela reside;
Ao banquete do grande em lauta mesa,
Onde gira o falerno em taças d'oiro,
   Não é que ela preside.

Ela ama a solidão, ama o silêncio,
Ama o prado florido, a selva umbrosa

E da rola o carpir.
Ela ama a viração da tarde amena,
O sussurro das águas, os acentos
　　De profundo sentir.

D'Anacreonte o gênio prazenteiro,
Que de flores cingia a fronte calva
　　Em brilhante festim,
Tomando inspirações à doce amada,
Que leda lh'enflorava a ebúrnea lira;
　　De que me serve, a mim?

Canções que a turba nutre, inspira, exalta
Nas cordas magoadas me não pousam
　　Da lira de marfim.
Correm meus dias, lacrimosos, tristes,
Como a noite que estende as negras asas
　　Por céu negro e sem fim.

É triste a minha Musa, como é triste
O sincero verter d'amargo pranto
　　D'órfã singela;
É triste como o som que a brisa espalha,
Que cicia nas folhas do arvoredo
　　Por noite bela.

É triste como o som que o sino ao longe
Vai perder na extensão d'ameno prado
　　Da tarde no cair,
Quando nasce o silêncio involto em trevas,
Quando os astros derramam sobre a terra
　　Merencório luzir.

Ela então, sem destino, erra por vales,
Erra por altos montes, onde a enxada
　　Fundo e fundo cavou;
E para; perto, jovial pastora
Cantando passa – e ela cisma ainda
　　Depois que esta passou.

Além – da choça humilde s'ergue o fumo
Que em risonha espiral se eleva às nuvens
    Da noite entre os vapores;
Muge solto o rebanho; e lento o passo,
Cantando em voz sonora, porém baixa,
    Vem andando os pastores.

Outras vezes também, no cemitério,
Incerta volve o passo, soletrando
    Recordações da vida;
Roça o negro cipreste, calca o musgo,
Que o tempo fez brotar por entre as fendas
    Da pedra carcomida.

Então corre o meu pranto muito e muito
Sobre as úmidas cordas da minha Harpa,
    Que não ressoam;
Não choro os mortos, não; choro os meus dias,
Tão sentidos, tão longos, tão amargos,
    Que em vão se escoam.

Nesse pobre cemitério
    Quem já me dera um logar!
Esta vida mal vivida
    Quem já ma dera acabar!

Tenho inveja ao pegureiro,
    Da pastora invejo a vida,
Invejo o sono dos mortos
    Sob a laje carcomida.

Se qual pegão tormentoso,
    O sopro da desventura
Vai bater potente à porta
    De sumida sepultura;

Uma voz não lhe responde,
    Não lhe responde um gemido,
Não lhe responde uma prece,
    Um ai – do peito sentido.

Já não têm voz com que falem,
    Já não têm que padecer;
No passar da vida à morte
    Foi seu extremo sofrer.

Que lh'importa a desventura?
    Ela passou, qual gemido
Da brisa em meio da mata
    De verde alecrim florido.

Quem me dera ser como eles!
Quem me dera descansar!
Nesse pobre cemitério
Quem me dera o meu logar,
E co'os sons das Harpas d'anjos
Da minha Harpa os sons casar!

A LEVIANA

> *Souvent femme varie,*
> *Bien fol est qui s'y fie.*
> Francisco I

És engraçada e formosa
　Como a rosa,
Como a rosa em mês d'Abril;
És como a nuvem doirada
　Deslizada,
Deslizada em céus d'anil.

Tu és vária e melindrosa
　Qual formosa
Borboleta num jardim,
Que as flores todas afaga,
　E divaga
Em devaneio sem fim.

És pura, como uma estrela
　Doce e bela,
Que treme incerta no mar;
Mostras nos olhos tua alma
　Terna e calma,
Como a luz d'almo luar.

Tuas formas tão donosas,
　Tão airosas,
Formas da terra não são;
Pareces anjo formoso,
　Vaporoso,
Vindo da etérea mansão.

Assim, beijar-te receio,
    Contra o seio
Eu tremo de te apertar;
Pois me parece que um beijo
    É sobejo
Para o teu corpo quebrar.

Mas não digas que és só minha!
    Passa asinha
A vida, como a ventura,
Que te não vejam brincando,
    E folgando
Sobre a minha sepultura.

Tal os sepulcros colora
    Bela aurora
De fulgores radiante;
Tal a vaga mariposa
    Brinca e pousa
Dum cadáver no semblante.

DELÍRIO

Quando dormimos o nosso espírito vela.
ÉSQUILO

À noite quando durmo, esclarecendo
  As trevas do meu sono,
Uma etérea visão vem assentar-se
  Junto ao meu leito aflito!
Anjo ou mulher? não sei. – Ah! se não fosse
  Um qual véu transparente,
Como que a alma pura ali se pinta
  Ao través do semblante,
Eu a crera mulher... – E tentas, louco,
  Recordar o passado,
Transformando o prazer, que desfrutaste,
  Em lentas agonias?!

Visão, fatal visão, por que derramas
  Sobre o meu rosto pálido
A luz de um longo olhar, que amor exprime
  E pede compaixão?
Por que teu coração exala uns fundos,
  Magoados suspiros,
Que eu não escuto; mas que vejo e sinto
  Nos teus lábios morrer?
Por que esse gesto e mórbida postura
  De macerado espírito,
Que vive entre aflições, que já nem sabe
  Desfrutar um prazer?

Tu falas! tu que dizes? este acento,
  Esta voz melindrosa,
Noutros tempos ouvi, porém mais leda;

            Era um hino d'amor.
A voz, que escuto, é magoada e triste,
            – Harmonia celeste.
Que à noite vem nas asas do silêncio
            Umedecer as faces
Do que enxerga outra vida além das nuvens.
            Esta voz não é sua;
É acorde talvez d'harpa celeste,
            Caído sobre a terra!

Balbucias uns sons, que eu mal percebo,
            Doridos, compassados,
Fracos, mais fracos; – lágrimas despontam
            Nos teus olhos brilhantes...
Choras! tu choras!... Para mim teus braços
            Por força irresistível
Estendem-se, procuram-me; procuro-te
            Em delírio afanoso.
Fatídico poder entre nós ambos
            Ergueu alta barreira;
Ele te enlaça e prende... mal resistes...
            Cedes enfim... acordo!

Acordo do meu sonho tormentoso,
            E choro o meu sonhar!
E fecho os olhos, e de novo intento
            O sonho reatar.
Embalde! porque a vida me tem preso;
            E eu sou escravo seu!
Acordado ou dormindo, é triste a vida
            Dês que o amor se perdeu.
Há contudo prazer em nos lembrarmos
            Da passada ventura,
Como o que educa flores vicejantes
            Em triste sepultura.

SOFRIMENTO

Meu Deus, Senhor meu Deus, o que há no mundo
    Que não seja sofrer?
O homem nasce, e vive um só instante,
    E sofre até morrer!

A flor ao menos, nesse breve espaço
    Do seu doce viver,
Encanta os ares com celeste aroma,
    Querida até morrer.

É breve o romper d'alva, mas ao menos
    Traz consigo prazer;
E o homem nasce e vive um só instante:
    E sofre até morrer!

Meu peito de gemer já está cansado,
    Meus olhos de chorar;
E eu sofro ainda, e já não posso alívio
    Sequer no pranto achar!

Já farto de viver, em meia vida,
    Quebrado pela dor,
Meus anos hei passado, uns após outros,
    Sem paz e sem amor.

O amor que eu tanto amava do imo peito,
    Que nunca pude achar,
Que embalde procurei, na flor, na planta,
    No prado, e terra, e mar!

E agora o que sou eu? – Pálido espectro,
   Que da campa fugiu;
Flor ceifada em botão; imagem triste
   De um ente que existiu...

Não escutes, meu Deus, esta blasfêmia;
   Perdão, Senhor, perdão!
Minha alma sinto ainda, – sinto, escuto
   Bater-me o coração.

Quando roja meu corpo sobre a terra,
   Quando me aflige a dor,
Minha alma aos céus se eleva, como o incenso,
   Como o aroma da flor.

E eu bendigo o teu nome eterno e santo,
   Bendigo a minha dor,
Que vai além da terra aos céus infindos
   Prender-me ao criador.

Bendigo o nome teu, que uma outra vida
   Me fez descortinar,
Uma outra vida, onde não há só trevas,
   E nem há só penar.

A ESCRAVA

Oh bien qu'aucun bien ne peut rendre,
Patrie, doux nom que l'exil fait comprendre!
MARINO FALIERO

Oh! doce país de Congo,
Doces terras dalém-mar!
Oh! dias de sol formoso!
Oh! noites d'almo luar!

Desertos de branca areia
De vasta, imensa extensão,
Onde livre corre a mente,
Livre bate o coração!

Onde a leda caravana
Rasga o caminho passando,
Onde bem longe se escuta
As vozes que vão cantando!

Onde longe inda se avista
O turbante muçulmano,
O Iatagã recurvado,
Preso à cinta do Africano!

Ele depois me tornava
Sobre o rochedo – sorrindo:
– As águas desta corrente
Não vês como vão fugindo?

Tão depressa corre a vida,
Minha Alsgá; depois morrer
Só nos resta!... – Pois a vida
Seja instante de prazer.

Os olhos em torno volves
Espantados – Ah! também
Arfa o teu peito ansiado!...
Acaso temes alguém?

Não receies de ser vista.
Tudo agora jaz dormente;
Minha voz mesmo se perde
No fragor desta corrente.

Minha Alsgá, por que estremeces?
Por que me foges assim?
Não te partas, não me fujas,
Que a vida me foge a mim!

Outro beijo acaso temes,
Expressão de amor ardente?
Quem o ouviu? – o som perdeu-se
No fragor desta corrente.

Onde o sol na areia ardente
Se espelha, como no mar;
Oh! doces terras de Congo,
Doces terras dalém-mar!

———

Quando a noite sobre a terra
Desenrolava o seu véu,
Quando sequer uma estrela
Não se pintava no céu;

Quando só se ouvia o sopro
De mansa brisa fagueira,
Eu o aguardava – sentada
Debaixo da bananeira.

Um rochedo ao pé se erguia,
Dele à base uma corrente
Despenhada sobre pedras,
Murmurava docemente.

E ele às vezes me dizia:
– Minha Alsgá, não tenhas medo;
Vem comigo, vem sentar-te
Sobre o cimo do rochedo.

E eu respondia animosa:
– Irei contigo, onde fores! –
E tremendo e palpitando
Me cingia aos meus amores.

Assim praticando amigos
A aurora nos vinha achar!
Oh! doces terras de Congo,
Doces terras dalém-mar!

———

Do ríspido Senhor a voz irada,
    Rápida soa,
Sem o pranto enxugar a triste escrava
    Pávida voa.

Mas era em mora por cismar na terra,
    Onde nascera,
Onde vivera tão ditosa, e onde
    Morrer devera!

Sofreu tormentos, porque tinha um peito,
    Qu'inda sentia;
Mísera escrava! no sofrer cruento,
    Congo! dizia.

QUADRAS DA MINHA VIDA

RECORDAÇÃO E DESEJO
AO MEU BOM AMIGO O DR. A. REGO

> *Sol chi nom lascia eredità d'affetti*
> *Poca gioia ha dell'urna.*
> Foscolo

I

Houve tempo em que os meus olhos
   Gostavam do sol brilhante,
E do negro véu da noite,
   E da aurora cintilante.

Gostavam da branca nuvem
   Em céu de azul espraiada,
Do terno gemer da fonte
   Sobre pedras despenhada.

Gostavam das vivas cores
   De bela flor vicejante,
E da voz imensa e forte
   Do verde bosque ondeante.

Inteira a natureza me sorria!
A luz brilhante, o sussurrar da brisa,
O verde bosque, o rosicler d'aurora,
Estrelas, céus, e mar, e sol, e terra,
D'esperança e d'amor minha alma ardente,
De luz e de calor meu peito enchiam
Inteira a natureza parecia
Meus mais fundos, mais íntimos desejos
Perscrutar e cumprir; – almo sorriso
Parecia enfeitar co'os seus encantos,
Com todo o seu amor compor, doirá-lo,
Porque os meus olhos deslumbrados vissem-no,
Porque minha alma de o sentir folgasse.

Oh! quadra tão feliz! – Se ouvia a brisa
Nas folhas sussurrando, o som das águas,
Dos bosques o rugir; – se os desejava,
– O bosque, a brisa, a folha, o trepidante
Das águas murmurar prestes ouvia.
Se o sol doirava os céus, se a lua casta,
Se as tímidas estrelas cintilavam,
Se a flor desabrochava involta em musgo,
– Era a flor que eu amava, – eram estrelas
Meus amores somente, o sol brilhante,
A lua merencória – os meus amores!
Oh! quadra tão feliz! – doce harmonia,
Acordo estreme de vontade e força,
Que atava minha vida à natureza!
Ela era para mim bem como a esposa
Recém-casada, pudica sorrindo;
Alma de noiva – coração de virgem,
Que a minha vida inteira abrilhantava!
Quando um desejo me brotava n'alma,
Ela o desejo meu satisfazia;
E o quer que ela fizesse ou me dissesse,
Esse era o meu desejo, essa a voz minha,
Esse era o meu sentir do fundo d'alma,
Expresso pela voz que eu mais amava.

II

Agora a flor que m'importa,
    Ou a brisa perfumada,
Ou o som d'amiga fonte
    Sobre pedras despenhada?

Que me importa a voz confusa
    Do bosque verde-frondoso,
Que m'importa a branca lua,
    Que m'importa o sol formoso?

Que m'importa a nova aurora,
    Quando se pinta no céu;
Que m'importa a feia noite,
    Quando desdobra o seu véu?

Estas cenas, que amei, já me não causam
Nem dor e nem prazer! – Indiferente,
Minha alma um só desejo não concebe,
Nem vontade já tem!... Oh! Deus! quem pode
Do meu imaginar as puras asas
Cercear, desprender-lhe as níveas plumas,
Rojá-las sobre o pó, calcá-las tristes?
Perante a criação tão vasta e bela
Minha alma é como a flor que pende murcha;
É qual profundo abismo: – embalde estrelas
Brilham no azul dos céus, embalde a noite
Estende sobre a terra o negro manto:
Não pode a luz chegar ao fundo abismo,
Nem pode a noite enegrecer-lhe a face;
Não pode a luz à flor prestar mais brilho
Nem viço e nem frescor prestar-lhe a noite!

III

Houve tempo em que os meus olhos
    Se extasiavam de ver
Ágil donzela formosa
    Por entre flores correr.

Gostavam de um gesto brando,
    Que revelasse pudor;
Gostavam de uns olhos negros.
    Que rutilassem de amor.

E gostavam meus ouvidos
    De uma voz – toda harmonia, –
Quer pesares exprimisse,
    Quer exprimisse alegria.

Era um prazer, que eu tinha, ver a virgem
Indolente ou fugaz – alegre ou triste,
Da vida a estreita senda desflorando
Com pé ligeiro e ânimo tranquilo;
Impróvida e brilhante parecendo
Seus dias desfolhar, uns após outros,
Como folhas de rosa; – e no futuro –

Ver luzir-lhe somente a luz d'aurora.
Era deleite e dor vê-la tão leda
Do mundo as aflições, angústias, prantos
Afrontar co'um sorriso; era um descanso
Interno e fundo, que sentia a mente,
Um quadro em que os meus olhos repousavam,
Ver tanta formosura e tal pureza
Em rosto de mulher com alma d'anjo!

IV

Houve tempo em que os meus olhos
    Gostavam de lindo infante,
Com a candura e sorriso
    Que adorna infantil semblante.

Gostavam do grave aspecto
    De majestoso ancião,
Tendo nos lábios conselhos,
    Tendo amor no coração.

Um representa a inocência,
    Outro a verdade sem véu,
Ambos tão puros, tão graves,
    Ambos tão perto do céu!

Infante e velho! – princípio e fim da vida! –
Um entra neste mundo, outro sai dele,
Gozando ambos da aurora; – um sobre a terra,
E o outro lá nos céus. – O Deus, que é grande,
Do pobre velho compensando as dores,
O chama para si; o Deus clemente
Sobre a inocência de contínuo vela.
Amei do velho o majestoso aspecto,
Amei o infante que não tem segredos,
Nem cobre o coração co'os folhos d'alma.
Amei as doces vozes da inocência,
A ríspida franqueza amei do velho,
E as rígidas verdades mal sabidas,
Só por lábios senis pronunciadas.

V

Houve tempo, em que possível
   Eu julguei no mundo achar
Dois amigos extremosos,
   Dois irmãos do meu pensar:

Amigos que compr'endessem
   Meu prazer e minha dor,
Dos meus lábios o sorriso,
   Da minha alma o dissabor;

Amigos, cuja existência
   Vivesse eu co'o meu viver:
Unidos sempre na vida,
   Unidos – té no morrer.

Amizade! – união, virtude, encanto –
Consórcio do querer, de força e d'alma –
Dos grandes sentimentos cá da terra
Talvez o mais recíproco, o mais fundo!
Quem há que diga: Eu sou feliz! – se acaso
Um amigo lhe falta? – um doce amigo,
Que sinta o seu prazer como ele o sente,
Que sofra a sua dor como ele a sofre?
Quando a ventura lhe sorri na vida,
Um a par d'outro – ei-los lá vão felizes;
Quando um sente aflição, nos braços do outro
A aflição, que é só dum, carpindo juntos,
Encontra doce alívio o desditoso
No tesouro que encerra um peito amigo.
Cândido par de cisnes, vão roçando
A face azul do mar co'as níveas asas
Em deleite amoroso; – acalentados
Pelo sereno espreguiçar das ondas,
Aspirando perfumes mal sentidos,
Por vesperina aragem bafejados,
É jogo o seu viver; – porém se o vento
No frondoso arvoredo ruge ao longe,
Se o mar, batendo irado as ermas praias,
Cruzadas vagas em novelo enrola,

Com grito de terror o par candente
Sacode as níveas asas, bate-as, – fogem.

VI

Houve tempo em que eu pedia
　Uma mulher ao meu Deus,
Uma mulher que eu amasse,
　Um dos belos anjos seus.

Em que eu a Deus só pedia
　Com fervorosa oração
Um amor sincero e fundo,
　Um amor do coração.

Qu'eu sentisse um peito amante
　Contra o meu peito bater,
Somente um dia... somente!
　E depois dele morrer.

Amei! e o meu amor foi vida insana!
Um ardente anelar, cautério vivo,
Posto no coração, a remordê-lo.
Não tinha uma harmonia a natureza
Comparada a sua voz; não tinha cores
Formosas como as dela, – nem perfumes
Como esse puro odor qu'ela esparzia
D'angélica pureza. – Meus ouvidos
O feiticeiro som dos meigos lábios
Ouviam com prazer; meus olhos vagos
De a ver não se cansavam; lábios d'homens
Não puderam dizer como eu a amava!
E achei que o amor mentia, e que o meu anjo
Era apenas mulher! chorei! deixei-a!
E aqueles, que eu amei co'o amor d'amigo,
A sorte, boa ou má, levou-mos longe,
Bem longe quando eu perto os carecia.
Concluí que a amizade era um fantasma,
Na velhice prudente – hábito apenas,
No jovem – doudejar; em mim lembrança;
Lembrança! – porém tal que a não trocara

Pelos gozos da terra, – meus prazeres
Foram só meus amigos, – meus amores
Hão de ser neste mundo eles somente.

VII

Houve tempo em que eu sentia
   Grave e solene aflição,
Quando ouvia junto ao morto
   Cantar-se a triste oração.

Quando ouvia o sino escuro
   Em sons pesados dobrar,
E os cantos do sacerdote
   Erguidos junto do altar.

Quando via sobre um corpo
   A fria lousa cair;
Silêncio debaixo dela,
   Sonhos talvez – e dormir.

Feliz quem dorme sob a lousa amiga,
Tépida talvez com o pranto amargo
Dos olhos da aflição; – se os mortos sentem,
Ou se almas têm amor aos seus despojos,
Certo dos pés do Eterno, entre a aleluia,
E o gozo lá dos céus, e os coros d'anjos,
Hão de lembrar-se com prazer dos vivos,
Que choram sobre a campa, onde já brota
O denso musgo, e já desponta a relva.
Lajem fria dos mortos! quem me dera
Gozar do teu descanso, ir asilar-me
Sob o teu santo horror, e nessas trevas
Do bulício do mundo ir esconder-me!
Oh! lajem dos sepulcros! quem me desse
No teu silêncio fundo asilo eterno!
Aí não pulsa o coração, nem sente
Martírios de viver quem já não vive.

HINOS

Singe dem Herrn mein Lied, und du, begeisterte Seele,
Werde ganz Jubel dem Gott, den alle Wesen bekennen!
WIELAND

MESQUINHO TRIBUTO DE PROFUNDA AMIZADE
AO DR. J. LISBOA SERRA

O MAR

> *Frappé de ta grandeur farouche*
> *Je tremble... est-ce bien toi, vieux lion que je touche.*
> *Océan, terrible océan!*
> TURQUETY

Oceano terrível, mar imenso
De vagas procelosas que se enrolam
Floridas rebentando em branca espuma
    Num polo e noutro polo,
Enfim... enfim te vejo; enfim meus olhos
Na indômita cerviz trêmulos cravo,
E esse rugido teu sanhudo e forte
    Enfim medroso escuto!

Donde houveste, ó pélago revolto,
Esse rugido teu? Em vão dos ventos
Corre o insano pegão lascando os troncos,
    E do profundo abismo
Chamando à superfície infindas vagas,
Que avaro encerras no teu seio undoso;
Ao insano rugir dos ventos bravos
    Sobressai teu rugido.
Em vão troveja horríssona tormenta;
Essa voz do trovão, que os céus abala,
Não cobre a tua voz. – Ah! donde a houveste,
    Majestoso oceano?

Ó mar, o teu rugido é um eco incerto
Da criadora voz, de que surgiste:
Seja, disse; e tu foste, e contra as rochas
    As vagas compeliste.
E à noite, quando o céu é puro e limpo,
Teu chão tinges de azul, – tuas ondas correm
Por sobre estrelas mil; turvam-se os olhos
    Entre dois céus brilhantes.

Da voz de Jeová um eco incerto
Julgo ser teu rugir; mas só, perene,
Imagem do infinito, retratando
    As feituras de Deus.
Por isto, a sós contigo, a mente livre
Se eleva, aos céus remota ardente, altiva,
E deste lodo terreal se apura,
    Bem como o bronze ao fogo.
Férvida a Musa, co'os teus sons casada,
Glorifica o Senhor de sobre os astros
Co'a fronte além dos céus, além das nuvens,
    E co'os pés sobre ti.

O que há mais forte do que tu? Se erriças
A coma perigosa, a nau possante,
Extremo de artifício, em breve tempo
    Se afunda e se aniquila.
És poderoso sem rival na terra;
Mas lá te vais quebrar num grão d'areia,
Tão forte contra os homens, tão sem força
    Contra coisa tão fraca!

Mas nesse instante que me está marcado,
Em que hei de esta prisão fugir p'ra sempre
Irei tão alto, ó mar, que lá não chegue
    Teu sonoro rugido.
Então mais forte do que tu, minha alma,
Desconhecendo o temor, o espaço, o tempo,
Quebrará num relance o circ'lo estreito
    Do finito e dos céus!

Então, entre miríadas de estrelas,
Cantando hinos d'amor nas harpas d'anjos,
Mais forte soará que as tuas vagas,
    Mordendo a fulva areia;
Inda mais doce que o singelo canto
De merencória virgem, quando a noite
Ocupa a terra, – e do que a mansa brisa,
    Que entre flores suspira.

ROSA NO MAR!

Rosa, rosa de amor purpúrea e bela,
Quem entre os goivos te esfolhou da campa!
Garrett

Por uma praia arenosa,
    Vagarosa
Divagava uma Donzela;
Dá largas ao pensamento,
    Brinca o vento
Nos soltos cabelos dela.

Leve ruga no semblante
    Vem num instante,
Que noutro instante se alisa;
Mais veloz que a sua ideia
    Não volteia,
Não gira, não foge a brisa.

No virginal devaneio
    Arfa o seio,
Pranto ao riso se mistura;
Doce rir dos céus encanto,
    Leve pranto,
Que amargo não é, nem dura.

Nesse lugar solitário,
    – Seu fadário. –
De ver o mar se recreia;
De o ver, à tarde, dormente,
    Docemente
Suspirar na branca areia.

Agora, qual sempre usava,
    Divagava

Em seu pensar embebida;
Tinha no seio uma rosa
    Melindrosa,
De verde musgo vestida.

Ia a virgem descuidosa,
    Quando a rosa
Do seio no chão lhe cai:
Vem um'onda bonançosa,
    Qu'impiedosa
A flor consigo retrai.

A meiga flor sobrenada;
    De agastada,
A virge' a não quer deixar!
Boia a flor; a virgem bela,
    Vai trás ela,
Rente, rente – à beira-mar.

Vem a onda bonançosa,
    Vem a rosa;
Foge a onda, a flor também.
Se a onda foge, a donzela
    Vai sobre ela!
Mas foge, se a onda vem.

Muitas vezes enganada,
    De enfadada
Não quer deixar de insistir;
Das vagas menos se espanta,
    Nem com tanta
Presteza lhes quer fugir.

Nisto o mar que se encapela
    A virgem bela
Recolhe e leva consigo;
Tão falaz em calmaria,
    Como a fria
Polidez de um falso amigo.

Nas águas alguns instantes,
    Flutuantes
Nadaram brancos vestidos:
Logo o mar todo bonança,
    A praia cansa
Com monótonos latidos.

Um doce nome querido
    Foi ouvido,
Ia a noite em mais de meia.
Toda a praia perlustraram,
    Nem acharam
Mais que a flor na branca areia.

IDEIA DE DEUS

Gross ist der Herr! Die Himmel ohne Zahl
Sind seine Wohnungen!
Seine Wagen die donnernden Gewölke,
Und Blitze sein Gespann.
Kleist

I

À voz de Jeová infindos mundos
   Se formaram do nada;
Rasgou-se o horror das trevas, fez-se o dia,
   E a noite foi criada.

Luziu no espaço a lua! sobre a terra
   Rouqueja o mar raivoso,
E as esferas nos céus ergueram hinos
   Ao Deus prodigioso.

Hino de amor a criação, que soa
   Eternal, incessante,
Da noite no remanso, no ruído
   Do dia cintilante!

A morte, as aflições, o espaço, o tempo,
   O que é para o Senhor?
Eterno, imenso, que lh'importa a sanha
   Do tempo roedor?

Como um raio de luz, percorre o espaço,
   E tudo nota e vê –
O argueiro, os mundos, o universo, o justo;
   E o homem que não crê.

E ele que pode aniquilar os mundos,
   Tão forte como ele é,

E vê e passa, e não castiga o crime,
    Nem o ímpio sem fé!

Porém quando corrupto um povo inteiro
    O Nome seu maldiz,
Quando só vive de vingança e roubos,
    Julgando-se feliz;

Quando o ímpio comanda, quando o justo
    Sofre as penas do mal,
E as virgens sem pudor, e as mães sem honra,
    E a justiça venal;

Ai da perversa, da nação maldita,
    Cheia de ingratidão,
Que há de ela mesma sujeitar seu colo
    À justa punição.

Ou já terrível peste expande as asas,
    Bem lenta a esvoaçar;
Vai de uns a outros, dos festins conviva,
    Hóspede em todo o lar!

Ou já torvo rugir da guerra acesa
    Espalha a confusão;
E a esposa, e a filha, de terror opresso.
    Não sente o coração.

E o pai, e o esposo, no morrer cruento,
    Vomita o fel raivoso;
– Milhões de insetos vis que um pé gigante
    Enterra em chão lodoso.

E do povo corrupto um povo nasce
    Esperançoso e crente,
Como do podre e carunchoso tronco
    Hástea forte e virente.

II

Oh! como é grande o Senhor Deus, que os mundos
    Equilibra nos ares;
Que vai do abismo aos céus, que susta as iras
    Do pélago fremente,
A cujo sopro a máquina estrelada
    Vacila nos seus eixos,
A cujo aceno os querubins se movem
    Humildes, respeitosos,
Cujo poder, que é sem igual, excede
    A hipérbole arrojada!
Oh! como é grande o Senhor Deus dos mundos,
    O Senhor dos prodígios.

III

Ele mandou que o sol fosse princípio,
    E razão de existência,
Que fosse a luz dos homens – olho eterno
    Da sua providência.

Mandou que a chuva refrescasse os membros
    Refizesse o vigor
Da terra hiante, do animal cansado
    Em praino abrasador.

Mandou que a brisa sussurrasse amiga,
    Roubando aroma à flor;
Que os rochedos tivessem longa vida,
    E os homens grato amor!

Oh! como é grande e bom o Deus que manda
    Um sonho ao desgraçado,
Que vive agro viver entre misérias,
    De ferros rodeado;

O Deus que manda ao infeliz que espere
    Na sua providência;
Que o justo durma, descansado e forte
    Na sua consciência!

Que o assassino de contínuo vele,
    Que trema de morrer;
Enquanto lá nos céus, o que foi morto,
    Desfruta outro viver!

Oh! como é grande o Senhor Deus, que rege
    A máquina estrelada,
Que ao triste dá prazer; descanso e vida
    À mente atribulada!

De NOVOS CANTOS

NÃO ME DEIXES!

Debruçada nas águas dum regato
   A flor dizia em vão
A corrente, onde bela se mirava...
   "Ai, não me deixes, não!

"Comigo fica ou leva-me contigo
   "Dos mares à amplidão,
"Límpido ou turvo, te amarei constante
   "Mas não me deixes, não!"

E a corrente passava; novas águas
   Após as outras vão;
E a flor sempre a dizer curva na fonte:
   "Ai, não me deixes, não!"

E das águas que fogem incessantes
   À eterna sucessão
Dizia sempre a flor, e sempre embalde:
   "Ai, não me deixes, não!"

Por fim desfalecida e a cor murchada,
   Quase a lamber o chão,
Buscava inda a corrente por dizer-lhe
   Que a não deixasse, não.

A corrente impiedosa a flor enleia,
   Leva-a do seu torrão;
A afundar-se dizia a pobrezinha:
   "Não me deixaste, não!"

ROLA

Desque amor me deu que eu lesse
Nos teus olhos minha sina,
Ando, como a peregrina
Rola, que o esposo perdeu!
Seja noite ou seja dia,
Eu te procuro constante:
Vem, oh! vem, ó meu amante,
Tua sou e tu és meu!

Vem, oh vem, que por ti clamo;
Vem contentar meus desejos,
Vem fartar-me com teus beijos,
Vem saciar-me de amor!
Amo-te, quero-te, adoro-te,
Abraso-me quando em ti penso,
E em fogo voraz, intenso,
Anseio louca de amor!

Vem, que te chamo e te aguardo,
Vem apertar-me em teus braços,
Estreitar-me em doces laços,
Vem pousar no peito meu!
Que, se amor me deu que eu lesse
Nos teus olhos minha sina,
Ando, como a peregrina
Rola, que o esposo perdeu.

AINDA UMA VEZ – ADEUS!

I

Enfim te vejo! – enfim posso,
Curvado a teus pés, dizer-te,
Que não cessei de querer-te,
Pesar de quanto sofri.
Muito penei! Cruas ânsias,
Dos teus olhos afastado,
Houveram-me acabrunhado,
A não lembrar-me de ti!

II

Dum mundo a outro impelido,
Derramei os meus lamentos
Nas surdas asas dos ventos,
Do mar na crespa cerviz!
Baldão, ludíbrio da sorte
Em terra estranha, entre gente,
Que alheios males não sente,
Nem se condói do infeliz!

III

Louco, aflito, a saciar-me
D'gravar minha ferida,
Tomou-me tédio da vida,
Passos da morte senti;
Mas quase no passo extremo,

No último arcar da esp'rança,
Tu me vieste à lembrança:
Quis viver mais e vivi!

IV

Vivi; pois Deus me guardava
Para este logar e hora!
Depois de tanto, senhora,
Ver-te e falar-te outra vez;
Rever-me em teu rosto amigo,
Pensar em quanto hei perdido,
E este pranto dolorido
Deixar correr a teus pés.

V

Mas que tens? Não me conheces?
De mim afastas teu rosto?
Pois tanto pode o desgosto
Transformar o rosto meu?
Sei a aflição quanto pode,
Sei quanto ela desfigura,
E eu não vivi na ventura...
Olha-me bem, que sou eu!

VI

Nenhuma voz me diriges!...
Julgas-te acaso ofendida?
Deste-me amor, e a vida
Que ma darias – bem sei;
Mas lembrem-te aqueles feros
Corações, que se meteram
Entre nós; e se venceram,
Mal sabes quanto lutei!

VII

Oh! se lutei!... Mas devera
Expor-te em pública praça,

Como um alvo à populaça,
Um alvo aos dictérios seus!
Devera, podia acaso
Tal sacrifício aceitar-te
Para no cabo pagar-te,
Meus dias unindo aos teus?

VIII

Devera, sim; mas pensava,
Que de mim t'esquecerias,
Que, sem mim, alegres dias
T'esperavam; e em favor
De minhas preces, contava
Que o bom Deus me aceitaria
O meu quinhão de alegria
Pelo teu quinhão de dor!

IX

Que me enganei, ora o vejo;
Nadam-te os olhos em pranto,
Arfa-te o peito, e no entanto
Nem me podes encarar;
Erro foi, mas não foi crime,
Não te esqueci, eu to juro:
Sacrifiquei meu futuro,
Vida e glória por te amar!

X

Tudo, tudo; e na miséria
Dum martírio prolongado,
Lento, cruel, disfarçado,
Que eu nem a ti confiei;
"Ela é feliz (me dizia)
"Seu descanso é obra minha."
Negou-me a sorte mesquinha...
Perdoa, que me enganei!

XI

Tantos encantos me tinham,
Tanta ilusão me afagava
De noite, quando acordava,
De dia em sonhos talvez!
Tudo isso agora onde para?
Onde a ilusão dos meus sonhos?
Tantos projetos risonhos,
Tudo esse engano desfez!

XII

Enganei-me!... – Horrendo caos
Nessas palavras se encerra,
Quando do engano, quem erra,
Não pode voltar atrás!
Amarga irrisão! reflete:
Quando eu gozar-te pudera,
Mártir quis ser, cuidei qu'era...
E um louco fui, nada mais!

XIII

Louco, julguei adornar-me
Com palmas d'alta virtude!
Que tinha eu bronco e rude
Co'o que se chama ideal?
O meu eras tu, não outro;
Stava em deixar minha vida
Correr por ti conduzida,
Pura, na ausência do mal.

XIV

Pensar eu que o teu destino
Ligado ao meu, outro fora,
Pensar que te vejo agora,
Por culpa minha, infeliz;
Pensar que a tua ventura
Deus *ab eterno* a fizera,

No meu caminho a pusera...
E eu! eu fui que a não quis!

XV

És doutro agora, e p'ra sempre!
Eu a mísero desterro
Volto, chorando o meu erro,
Quase descrendo dos céus!
Dói-te de mim, pois me encontras
Em tanta miséria posto,
Que a expressão deste desgosto
Será um crime ante Deus!

XVI

Dói-te de mim, que t'imploro
Perdão, a teus pés curvado;
Perdão! de não ter ousado
Viver contente e feliz!
Perdão da minha miséria,
Da dor que me rala o peito,
E se do mal que te hei feito,
Também do mal que me fiz!

XVII

Adeus qu'eu parto, senhora;
Negou-me o fado inimigo
Passar a vida contigo,
Ter sepultura entre os meus;
Negou-me nesta hora extrema,
Por extrema despedida,
Ouvir-te a voz comovida
Soluçar um breve Adeus!

XVIII

Lerás porém algum dia
Meus versos, d'alma arrancados,

D'amargo pranto banhados,
Com sangue escritos; – e então
Confio que te comovas,
Que a minha dor te apiade,
Que chores, não de saudade,
Nem de amor, – de compaixão.

SE SE MORRE DE AMOR!

> *Meere und Berge und Horizonte*
> *zwischen den Liebenden – aber die Seelen*
> *versetzen sich aus dem staubigen Kerker und*
> *treffen sich im Paradiese der Liebe.*
> SCHILLER. Die Räuber

Se se morre de amor! – Não, não se morre,
Quando é fascinação que nos surpreende
De ruidoso sarau entre os festejos;
Quando luzes, calor, orquestra e flores
Assomos de prazer nos raiam n'alma,
Que embelezada e solta em tal ambiente
No que ouve, e no que vê prazer alcança!
Simpáticas feições, cintura breve,
Graciosa postura, porte airoso,
Uma fita, uma flor entre os cabelos,
Um quê mal definido, acaso podem
Num engano d'amor arrebatar-nos.
Mas isso amor é; isso é delírio,
Devaneio, ilusão, que se esvaece
Ao som final da orquestra, ao derradeiro
Clarão, que as luzes no morrer despedem:
Se outro nome lhe dão, se amor o chamam,
D'amor igual ninguém sucumbe à perda.

Amor é vida; é ter constantemente
Alma, sentidos, coração – abertos
Ao grande, ao belo; é ser capaz d'extremos,
D'altas virtudes, té capaz de crimes!
Compr'ender o infinito, a imensidade,
E a natureza e Deus; gostar dos campos,
D'aves, flores, murmúrios solitários;
Buscar tristeza, a soledade, o ermo,
E ter o coração em riso e festa;
E à branda festa, ao riso da nossa alma

Fontes de pranto intercalar sem custo;
Conhecer o prazer e a desventura
No mesmo tempo, e ser no mesmo ponto
O ditoso, o misérrimo dos entes:
Isso é amor, e desse amor se morre!

Amar, e não saber, não ter coragem
Para dizer que amor que em nós sentimos;
Temer qu'olhos profanos nos devassem
O templo, onde a melhor porção da vida
Se concentra; onde avaros recatamos
Essa fonte de amor, esses tesouros
Inesgotáveis, d'ilusões floridas;
Sentir, sem que se veja, a quem se adora
Compr'ender, sem lhe ouvir, seus pensamentos,
Segui-la, sem poder fitar seus olhos,
Amá-la, sem ousar dizer que amamos,
E, temendo roçar os seus vestidos,
Arder por afogá-la em mil abraços:
Isso é amor, e desse amor se morre!

Se tal paixão enfim transborda,
Se tem na terra o galardão devido
Em recíproco afeto; e unidas, uma,
Dois seres, duas vidas se procuram,
Entendem-se, confundem-se e penetram
Juntas – em puro céu d'êxtasis puros:
Se logo a mão do fado as torna estranhas,
Se os duplica e separa, quando unidos
A mesma vida circulava em ambos;

Que será do que fica, e do que longe
Serve às borrascas de ludíbrio e escárnio?
Pode o raio num pincaro caindo,
Torná-lo dois, e o mar correr entre ambos;
Pode rachar o tronco levantado
E dois cimos depois verem-se erguidos,
Sinais mostrando da aliança antiga;
Dois corações porém, que juntos batem,
Que juntos vivem, – se os separam, morrem;
Ou se entre o próprio estrago inda vegetam,

Se aparência de vida, em mal, conservam,
Ânsias cruas resumem do proscrito,
Que busca achar no berço a sepultura!

Esse, que sobrevive a própria ruína,
Ao seu viver do coração, – às gratas
Ilusões, quando em leito solitário,
Entre as sombras da noite, em larga insônia,
Devaneando, a futurar venturas,
Mostra-se e brinca a apetecida imagem;
Esse, que à dor tamanha não sucumbe,
Inveja a quem na sepultura encontra
Dos males seus o desejado termo!

De SEXTILHAS DO FREI ANTÃO

LOA DA PRINCESA SANTA

Bom tempo foi o d'outrora
Quando o reino era cristão,
Quando nas guerras de mouros
Era o rei nosso pendão,
Quando as donas consumiam
Seus teres em devação.

Dava o rei uma batalha,
Deus lhe acudia do céu;
Quantas terras que ganhava,
Dava ao Senhor que lhas deu,
E só em fazer mosteiros
Gastava muito do seu.

Se havia muitos Infantes,
Torneio não se fazia;
É esse o estilo de Frandres,
Onde anda muita heregia:
Para os armar cavaleiros
A armada se apercebia.

Chamava el-rei seus vassalos
E em cortes logo os reunia:
Vinha o povo atencioso,
Vinha muita cleregia,
Vinha a nobreza do reino,
Gente de muita valia.

Quando o rei tinha-los juntos
Começava a discursar:

"Os Ifantes já são homens,
Vou-me às terras d'além-mar
Armá-los i cavaleiros;
Deus Senhor m'há de ajudar."

Não concluía o pujante
Rei – de assi lhes propor,
Clamavam todos em grita
Com vozes de muito ardor:
"Seremos nessa folgança,
Honra de nosso Senhor!"

 E logo todos em sembra,
 Todos gente muito de bem,
 Na armada se agasalhavam,
 Sem se pesar de ninguém;
 E os Padres de Sam Domingos
 Iam com eles também.

Iam, si, os bentos Padres:
E que assim fosse, é rezão,
Que o santo em guerras d'Igreja
Foi um bom santo cristão:
Queimou a muitos hereges
No fogo da expiação!

 Quando depois se tornava
 Toda a frota pera cá,
 Primeiro se perguntava,
 "Que terras temos por lá?"
 Quem em Deus tanto confia,
 Sempre Deus por si terá.

El-rei tornava benino,
Como coisa natural:
"Temos Ceita, Arzila ou Tângere,
"Conquistas de Portugal!"
E todos, a voz em grita,
Clamavam: real! real!

Bom tempo foi o d'outrora
Quando o reino era cristão;
Os moços davam-se à guerra,
As moças à devação:
Aquela terra de mouros
Vivia em muita aflição.

Deu-nos Deus tantas vitórias,
E tanto pera louvar,
Que os Padres de Sam Domingos
Já não sabiam rezar;
Todo-lo tempo era pouco
Pera louvores cantar!

Sendo tantas as batalhas,
Nem recontro se perdeu!
Aqueles Padres coitados
Não tinham tempo de seu:
Levavam todo cantando
Louvores ao pai do céu.

Louvores ao pai do céu,
Que eu inda possa trovar,
Quando não vejo nos mares
Nossas quinas tremolar;
Mas somente o templo mudo.
Sem guarnimentos o altar!

Vejo os sinos apeados
Dos campanários subtis,
E a prata das sacristias,
Servida em misteres vis,
E ante os leões de Castela
Dobrada a Lusa cerviz!

Cant'eu, em bem que sou Padre,
Digo que sou Português:
Arço de ver nossas coisas
Irem todas ao revés,
Arço de ver nossa gente
Andar conosco ao envés.

    Mercê de Deus! minha vida
    É vida de muita dura!
    Vivo esquecido dos vivos
    Na terra da desventura;
    Vivo escrevendo e penando
    Num canto de cela escura.

Do meu velho breviário
Só deixarei a leitura
Para escrever estes carmes,
Remédio à nossa amargura;
O corpo tenho alquebrado,
Vive minha alma em tristura.

    Que armada de tantas velas,
    Que armada é essa qu'i vem?
    Vem subindo Tejo acima,
    Que fermosura que tem!
    Nas praias se apinha o povo,
    E as cobre todas porém.

Dão sinais as fortalezas,
Respondem sinais de lá:
Vem el-rei vitorioso!
Quem de gáudio se terá?
O mar é todo bonança,
O céu muito sereno está!

    Oco bronze fumo e fogo
    Já começa a despejar;
    Acordam alegres ecos
    Os sinos a repicar;
    Grita e folgança na terra,
    Celeuma e grita no mar!

Vinde embora muito depressa,
Senhores da capital!
Vinde ver Afonso quinto,
Rei, senhor de Portugual;
Vem das terras africanas
Dar-vos festança real.

Nossos reis foram outrora
Fragueiros de condição;
Dormiam quase vestidos,
Espada nua na mão;
Nem repoisavam de noite
Sem fazer sua oração.

Empresa não cometiam
Sem primeiro comungar
Sem fazer voto à algum santo
De tenção particular;
Porém vitórias houveram,
Que são muito de espantar!

Os vindouros esquecidos
Da proteção divinal,
Conheceram os poderes
Da bênção celestial,
Se contarem os mosteiros
Das terras de Portugal!

Nossas capelas que temos,
Nossos mosteiros custosos,
São obras santas de Santos,
Obras de reis muito piedosos;
São brados de pedra viva,
Que pregam feitos briosos.

Alguns já agora escarnecem
Dos templos edificados;
Dizem que foram mal gastos
Os bens com eles gastados:
Eu creio (Deus me perdoe)
Que são incréus disfarçados!

E mais prasmam dos feitios
De pedra, que Mênfis tem,
Sem ter olhos para Mafra,
Pera Batalha ou Belém!
Oh! se a estes conheceras,
Meu Frei Gil de Santarém!

Naquela vida deserta
Ainda se me afigura
Ver elevar-se nas sombras
Tua válida estatura,
E ouvir a voz que intimava
Ao rei a sentença dura!

E mais a tacha que tinha
Era ser fraco, e não mais!
Tu, meu Santo, que fizeras,
Se ouviras a estes tais,
Que nos assacam motejos
Às nossas obras reais!

   Mas vós, quem quer qu'isto lerdes,
   Relevai-me esta tardança;
   São achaques da velhice:
   Vivemos de remembrança
   E em longas falas fazemos
   De tudo comemorança.

Já el-rei Afonso quinto
Nas suas terras pojou:
Alegre o povo o recebe,
Alegre el-rei se mostrou;
Abrio-se em alas vistosas,
El-rei entre elas passou.

   Vem os músicos troando
   Nos atabales guerreiros,
   Tangem outros istromentos
   Desses climas forasteiros,
   E trás eles vêm marchando,
   Passo a passo, os prisioneiros.

São eles mouros gigantes
De bigodes retorcidos,
Caminham a passos lentos,
Com sembrantes de atrevidos.
Causa medo vê-los tantos,
Tam membrudos, tam crescidos!

São homens de fero aspeito,
Homens de má condição,
Que vivem na lei nojenta
Do seu nojento alcorão,
Que – vinho? nem querem vê-lo.
Só por que o bebe um cristão!

Vêm as moiras depois deles,
Rostos cobertos com véus;
Bem que filhas d'Agarenos,
São também filhas de Deus;
Se foram cristãs ou freiras,
Seriam anjos dos céus.

Luziam os olhos delas,
Como pedras muito finas;
Deviam ser finas bruxas,
Inda qu'eram bem meninas,
Que estas moiras da mourama
Nascem já bruxas cadimas!

Uma delas que lá vinha
Olhou-me à través do véu!...
Foi aquilo obra do demo,
Quase, quase me rendeu!
Pensei nela muitas vezes,
Valeram-me anjos do céu!

Via as largas pantalonas,
E o pezinho delicado...
Como pode pensar nisto
Um pobre frade cansado,
Um Padre da Observância,
Que sempre come pescado?!

Enfim, dizer quanto vimos
Não cabe neste papel;
Vinham muitas alimárias,
Como achadas a granel;
Vinha o Ifante brioso,
Montado no seu corcel.

Vinham pajens e varletes,
Vinham muitos escudeiros,
Vinham do sol abrasados
Nossos robustos guerreiros;
Vinha muita e boa gente,
Muitos e bons cavaleiros!

A Princesa Dona Joana
Saiu dos Paços reais;
Era moça, e muito airosa,
E dona de partes tais,
Que todos lhe qu'riam muito.
Estranhos e naturais!

Foi requerida de muitos
E muito grandes senhores,
Por fama que dela tinham,
E por cópia de pintores,
Que muitos vinham de fora
Ao cheiro de seus louvores.

E diz-se dum rei de França
Ludovico, creio eu:
Um pobre frade mesquinho
Só trata em coisas do céu;
Sabe ele que muito sabe,
Se a bem morrer aprendeu.

Pois diz-se do rei de França,
O onzeno do nome seu,
Que vendo um retrato destes
Pera si logo entendeu,
Qu'era prodígio na terra
Quem tanto tinha do céu.

E logo sem mais tardança
Caiu, giolhos no chão,
No feltro traz arrelíquias,
Assi usa um rei cristão;
O seu feltro pôs diante,
E fez sua oração!

Saiu a real Princesa,
Saiu dos Paços reais
Nos pulsos ricas pulseiras,
Na fronte finos ramais;
De longe seguem-lhe a trilha
Muitos bons homens segrais.

Traçava um mantéu vistoso
Sobolas suas espaldas,
E as largas roupas na cinta
Prendia em muitas laçadas;
Seus olhos valiam tanto
Como duas esmeraldas.

Tinha elevada estatura
E meneio concertado,
Solto o cabelo em madeixas,
Pelas costas debruçado:
Cadeixo de fios d'oiro,
Franjas de templo sagrado.

Vinha assi a régia Dona,
Vinha muito pera ver:
O povo em si não cabia,
Quando a via, de prazer;
Era ela santa às ocultas
E anjo no parecer!

Debaixo das telas finas
E dos brocados luzidos,
Trazia à raiz das carnes
Duros cilícios cosidos
E umas crinas muito agras,
Tudo extremos muito subidos.

Passava noites inteiras
No oratório a rezar,
Dormia despois na pedra
Sem ninguém o suspeitar:
Extremos tais em princesa
Quem nos há de acreditar?

No dia de lava-pés
Ordenava ao seu Vedor
Trazer-lhe doze mulheres;
E depois, com muita dor,
Chorando os pés lhes lavava,
Honra de nosso Senhor!

E depois de os ter lavado,
Não perdia a ocasião,
Despedia a todas juntas
Com sua esmola na mão:
Dizia que era humildade
E obra de devoção.

E as mendigas pasmadas
Saíam de tal saber,
E perguntavam, quem era
Aquela santa mulher?!
Maus pecados que ela tinha
Só pera assi proceder!

O mesmo Vedor foi quem
Isto despois revelou,
Quando aquela humanidade
Em o Senhor descansou;
Dona Joana era já morta,
Ele porém mo contou.

Mas sendo tanto o resguardo
Que guardava em coisas tais,
Sabiam algo os estranhos
Por muitos certos sinais,
Que o ar é todo perfume,
Se a terra é toda rosais.

É coisa de maravilha
Que me faz cismar a mi,
Que as donas d'hoje pareçam
Uns camafeus d'alfini,
Não donas de carne e osso;
As donas d'outrora – si.

Hoje leigos de nonada
(É-lhes o demo caudel)
Praguejam a mesa escassa
E as arestas do burel;
Querem mimos e regalos,
E jejuns a leite e mel.

Lá caminha Dona Joana
Regente de Portugal;
Trás sobre si muitas joias
Do tesouro paternal;
Deus lhe pôs graça divina
Sobre a graça natural.

Acostou-se a comitiva,
Muito senhora de si:
Perante el-rei se agiolha,
Disse-lhe el-rei: não assi!
E ao peito a cinge dizendo:
Não a meus pés, mas aqui!

"Sois um bom pai, Senhor rei,
Tornou-lhe a santa Princesa:
Eu que sou vassala vossa
E filha por natureza,
Peço mercê como aquela,
Como esta peço fineza."

Ficaram logo suspensos
Todolos que eram ali,
Ficaram como enleiados,
Enleio tal nunca vi!
Eis que a Princesa medrosa
Começa a propor assi.

El-rei não lhe respondera;
Que lhe havia responder?
Boa filha Deus lhe dera.
Que lhe havia defender?
Sorriu-se, o bom rei quisera
Muito por ela fazer.

A Princesa disse entonces:
"De alguns capitães antigos
Tenho lido, Senhor rei,
Que, vencidos os imigos,
Tomavam, a Deus fazendo
Sacrifícios mui subidos.

"Viam as coisas melhores
Que dos seus reinos haviam,
E logo lhas ofertavam;
E mercês também faziam,
No dia do seu triunfo
A los que justas pediam.

"Deslembrar a usança antiga
Fora de grande estranheza;
Agora sobre maneira,
Perfeita tamanha empresa,
De tanto lustre aos do reino,
De tal honra a vossa Alteza.

"Digo pois a vossa Alteza,
E digo com muita fé,
Deve a oferta ser tamanha
Quamanha foi a mercê,
Não do nobre rei pujante,
Mas do santo rei qual é.

"A oferta que vós fizerdes,
Será mercê paternal:
Se quereis que corresponda
Ao favor celestial,
Deve ser coisa mui alta,
Deve ser coisa real.

"Ao Deus que vence as batalhas
Dai-lhe a filha muito amada;
Dai-lhe a só filha que tendes
Em tantos mimos criada:
Será a oferta bem quista
E do Senhor aceitada.

"E eu a quem mais custou
De medos, esta jornada,
Que muitas noites orando
Passei em pranto banhada,
Sou eu, Senhor, quem vos peço
Ser a hóstia a Deus votada."

Que santa que era a Princesa,
Que extremos de devação!
Nos semblantes dos presentes
Viu-se, e não era razão,
Que a nenhum deles prazia
Deferir tal petição.

    Sobr'esteve um pouco e mudo,
    El-rei por que muito a amava:
    Aquele dizer da filha
    Todo o prazer lhe aguava,
    Aquele pedir sem dó
    Todo o ser lhe transtornava.

Encostou-se ao ombro dela
O pobre velho cansado,
Chorou o triunfo breve
E o prazer mal rematado,
Não como rei valeroso,
Mas como pai anojado.

    El-rei despois mais tranquilo
    Rompeu o silêncio alfi';
    E entre aflito e satisfeito
    Disse à filha: Seja assi!...
    Velhos guerreiros vi eu
    Choraram também ali.

Cant'eu perdido entre o vulgo
Não sei que tempo gastei,
Nem sei de mim que fizeram,
Nem tam pouco se chorei;
Foi traça da providência:
Nisto comigo assentei.

Foi Jefté corajoso,
O forte rei de Judá;
Volta coberto de loiros,
Quem primeiro encontrará?
Sente a filha, torce o rosto...
Nada ao triste valerá.

Qual destes dois sacrifícios
Soube a Deus mais agradar?
Vai a Hebrea constrangida
Depor o colo no altar,
Vai a cristã jubilosa!
São ambas pera pasmar.

Depois num dia formoso,
Era no mês de janeiro,
Houve uma cena vistosa
Dentro de um pobre mosteiro;
Fundou-o Brites Leitoa,
Dona mui nobre d'Aveiro.

Uma princesa jurada,
Sobrinha d'altos Infantes,
Filha de reis soberanos,
Senhora das mais pujantes,
Era a primeira figura,
Espantava os circunstantes.

Ali humilde e curvada,
Pesar de todos os seus,
Giolhos sobre o ladrilho
E as mãos erguidas aos céus,
Ouvi – exígua mortalha
Pedir polo amor de Deus.

Cantemos todos louvores,
Louvores ao Senhor Deus:
Os anjos digam seu nome,
Rostos cobertos com véus;
Leiam-no os homens escrito
No liso campo dos céus.

Bom tempo foi o d'outrora
Quando o reino era cristão,
Quando nas guerras mouriscas
Era o rei nosso pendão,
Quando as donas consumiam
Seus teres em devação.

> "Isto escreveu Frei Antão
> De vida mui alongada,
> Nossa Senhora da Escada
> O teve por Capelão."

De ÚLTIMOS CANTOS

POESIAS AMERICANAS

O GIGANTE DE PEDRA

> Ó *guerriers! ne laissez pas ma dépouille au corbeau;*
> *Ensevelissez-moi parmi des monts sublimes,*
> *Afin que l'étranger cherche, en voyant leurs cimes,*
> *Quelle montagne est mon tombeau!*
> V. Hugo. Le Géant

I

Gigante orgulhoso, de fero semblante,
Num leito de pedra lá jaz a dormir!
Em duro granito repousa o gigante,
Que os raios somente poderam fundir.

Dormido atalaia no serro empinado
Deverá cuidoso, sanhudo velar;
O raio passando o deixou fulminado,
E à aurora, que surge, não há de acordar!

Co'os braços no peito cruzados nervosos,
Mais alto que as nuvens, os céus a encarar,
Seu corpo se estende por montes fragosos,
Seus pés sobranceiros se elevam do mar!

De lavas ardentes seus membros fundidos
Avultam imensos: só Deus poderá
Rebelde lançá-lo dos montes erguidos,
Curvados ao peso, que sobre lhe 'stá.

E o céu, e as estrelas e os astros fulgentes
São velas, são tochas, são vivos brandões,
E o branco sudário são névoas algentes,
E o crepe que o cobre, são negros bulcões.

Da noite, que surge, no manto fagueiro
Quis Deus que se erguesse, de junto a seus pés,

A cruz sempre viva do sol no cruzeiro,
Deitada nos braços do eterno Moisés.

Perfumam-no odores que as flores exalam,
Bafejam-no carmes de um hino de amor
Dos homens, dos brutos, das nuvens que estalam,
Dos ventos que rugem, do mar em furor.

E lá na montanha, deitado dormido
Campeia o gigante, – nem pode acordar!
Cruzados os braços de ferro fundido,
A fronte nas nuvens, os pés sobre o mar!

II

Banha o solos horizontes,
Trepa os castelos dos céus,
Aclara serras e fontes,
Vigia os domínios seus:
Já descai p'ra o ocidente,
E em globo de fogo ardente
Vai-se no mar esconder;
E lá campeia o gigante,
Sem destorcer o semblante,
Imóvel, mudo, a jazer!

Vem a noite após o dia,
Vem o silêncio, o frescor,
E a brisa leve e macia,
Que lhe suspira ao redor.
E da noite entre os negrores,
Das estrelas os fulgores
Brilham na face do mar:
Brilha a lua cintilante,
E sempre mudo o gigante,
Imóvel, sem acordar!

Depois outro sol desponta,
E outra noite também,
Outra lua que aos céus monta,

Outro sol que após lhe vem:
Após um dia outro dia,
Noite após noite sombria,
Após a luz o bulcão,
E sempre o duro gigante,
Imóvel, mudo, constante
Na calma e na cerração!

Corre o tempo fugidio,
Vem das águas a estação,
Após ela o quente estio;
E na calma do verão
Crescem folhas, vingam flores,
Entre galas e verdores
Sazonam-se frutos mil;
Cobrem-se os prados de relva.
Murmura o vento na selva,
Azulam-se os céus de anil!

Tornam prados a despir-se,
Tornam flores a murchar,
Tornam de novo a vestir-se,
Tornam depois a secar;
E como gota filtrada
De uma abóbada escavada
Sempre, incessante a cair,
Tombam as horas e os dias,
Como fantasmas sombrios,
Nos abismos do porvir!

E no féretro de montes
Inconcusso, imóvel, fito,
Escurece os horizontes
O gigante de granito.
Com soberba indiferença
Sente extinta a antiga crença
Dos Tamoios, dos Pajés;
Nem vê que duras desgraças,
Que lutas de novas raças
Se lhe atropelam aos pés!

III

E lá na montanha deitado dormido
Campeia o gigante! – nem pode acordar!
Cruzados os braços de ferro fundido,
A fronte nas nuvens, e os pés sobre o mar!...

IV

Viu primeiro os íncolas
Robustos, das florestas,
Batendo os arcos rígidos,
Traçando homéreas festas,
À luz dos fogos rútilos,
Aos sons do murmuré!
    E em Guanabara esplêndida
As danças dos guerreiros,
E o guau cadente e vário
Dos moços prazenteiros,
E os cantos da vitória
Tangidos no boré.

E das igaras côncavas
A frota aparelhada,
Vistosa e formosíssima
Cortando a undosa estrada,
Sabendo, mas que frágeis,
Os ventos contrastar:
    E a caça leda e rápida
Por serras, por devesas,
E os cantos da janúbia
Junto às lenhas acesas,
Quando o tapuia mísero
Seus feitos vai narrar!

E o gérmen da discórdia
Crescendo em duras brigas,
Ceifando os brios rústicos
Das tribos sempre amigas,
– Tamoi a raça antígua,
Feroz Tupinambá.

Lá vai a gente impróvida,
Nação vencida, imbele,
Buscando as matas ínvias,
Donde outra tribo a expele;
Jaz o pajé sem glória,
Sem glória a maracá.

Depois em naus flamívomas
Um troço ardido e forte,
Cobrindo os campos úmidos
De fumo, e sangue, e morte,
Trás dos reparos hórridos
D'altíssimo pavês:
    E do sangrento pélago
Em míseras ruínas
Surgir galhardas, límpidas
As portuguesas quinas,
Murchos os lises cândidos
Do impróvido gaulês!

V

Mudaram-se os tempos e a face da terra,
Cidades alastram o antigo paul;
Mas inda o gigante, que dorme na serra,
Se abraça ao imenso cruzeiro do sul.

Nas duras montanhas os membros gelados
Talhados a golpes de ignoto buril,
Descansa, ó gigante, que encerra os fados,
Que os términos guardas do vasto Brasil.

Porém se algum dia fortuna inconstante
Poder-nos a crença e a pátria acabar,
Arroja-te às ondas, ó duro gigante,
Inunda estes montes, desloca este mar!

LEITO DE FOLHAS VERDES

Porque tardas, Jatir, que tanto a custo
À voz do meu amor moves teus passos?
Da noite a viração, movendo as folhas,
Já nos cimos do bosque rumoreja.

Eu sob a copa da mangueira altiva
Nosso leito gentil cobri zelosa
Com mimoso tapiz de folhas brandas,
Onde o frouxo luar brinca entre flores.

Do tamarindo a flor abriu-se, há pouco,
Já solta o bogari mais doce aroma!
Como prece de amor, como estas preces,
No silêncio da noite o bosque exala.

Brilha a lua no céu, brilham estrelas,
Correm perfumes no correr da brisa,
A cujo influxo mágico respira-se
Um quebranto de amor, melhor que a vida!

A flor que desabrocha ao romper d'alva
Um só giro do sol, não mais, vegeta:
Eu sou aquela flor que espero ainda
Doce raio do sol que me dê vida.

Sejam vales ou montes, lago ou terra,
Onde quer que tu vás, ou dia ou noite,
Vai seguindo após ti meu pensamento;
Outro amor nunca tive: és meu, sou tua!

Meus olhos outros olhos nunca viram,
Não sentiram meus lábios outros lábios,
Nem outras mãos, Jatir, que não as tuas
A arasoia na cinta me apertaram.

Do tamarindo a flor jaz entreaberta,
Já solta o bogari mais doce aroma;
Também meu coração, como estas flores,
Melhor perfume ao pé da noite exala!

Não me escutas, Jatir! nem tardo acodes
À voz do meu amor, que em vão te chama!
Tupã! lá rompe o sol! do leito inútil
A brisa da manhã sacuda as folhas!

I-JUCA-PIRAMA

I

No meio das tabas de amenos verdores,
Cercados de troncos – cobertos de flores,
Alteiam-se os tetos d'altiva nação;
São muitos seus filhos, nos ânimos fortes,
Temíveis na guerra, que em densas coortes
Assombram das matas a imensa extensão.

São rodos, severos, sedentos de glória,
Já prélios incitam, já cantam vitória,
Já meigos atendem à voz do cantor:
São todos Timbiras, guerreiros valentes!
Seu nome lá voa na boca das gentes,
Condão de prodígios, de glória e terror!

As tribos vizinhas, sem forças, sem brio,
As armas quebrando, lançando-as ao rio.
O incenso aspiraram dos seus maracás:
Medrosos das guerras que os fortes acendem,
Custosos tributos ignavos lá rendem,
Aos duros guerreiros sujeitos na paz.

No centro da taba se estende um terreiro,
Onde ora se aduna o concílio guerreiro
Da tribo senhora, das tribos servis:
Os velhos sentados praticam d'outrora,
E os moços inquietos, que a festa enamora,
Derramam-se em torno dum índio infeliz.

Quem é? – ninguém sabe: seu nome é ignoto,
Sua tribo não diz: – de um povo remoto
Descende por certo – dum povo gentil;
Assim lá na Grécia ao escravo insulano
Tornavam distinto do vil muçulmano
As linhas corretas do nobre perfil.

Por casos de guerra caiu prisioneiro
Nas mãos dos Timbiras: – no extremo terreiro
Assola-se o teto, que o teve em prisão;
Convidam-se as tribos dos seus arredores,
Cuidosos se incumbem do vaso das cores,
Dos vários aprestos da honrosa função.

Acerva-se a lenha da vasta fogueira,
Entesa-se a corda da embira ligeira,
Adorna-se a maça com penas gentis:
A custo, entre as vagas do povo da aldeia
Caminha o Timbira, que a turba rodeia,
Garboso nas plumas de vário matiz.

Entanto as mulheres com leda trigança,
Afeitas ao rito da bárbara usança,
O índio já querem cativo acabar:
A coma lhe cortam, os membros lhe tingem,
Brilhante enduape no corpo lhe cingem,
Sombreia-lhe a fronte gentil canitar.

II

Em fundos vasos d'alvacenta argila
    Ferve o cauim;
Enchem-se as copas, o prazer começa,
    Reina o festim.
O prisioneiro, cuja morte anseiam,
    Sentado está,
O prisioneiro, que outro sol no ocaso
    Jamais verá!

A dura corda, que lhe enlaça o colo,
    Mostra-lhe o fim

Da vida escura, que será mais breve
   Do que o festim!
Contudo os olhos d'ignóbil pranto
   Secos estão;
Mudos os lábios não descerram queixas
   Do coração.

Mas um martírio, que encobrir não pode,
   Em rugas faz
A mentirosa placidez do rosto
   Na fronte audaz!

Que tens guerreiro? Que temor te assalta
   No passo horrendo?
Honra das tabas que nascer te viram,
   Folga morrendo.

Folga morrendo; porque além dos Andes
   Revive o forte,
Que soube ufano contrastar os medos
   Da fria morte.

Rasteira grama, exposta ao sol, à chuva,
   Lá murcha e pende:
Somente ao tronco, que devassa os ares,
   O raio ofende!

Que foi? Tupã mandou que ele caísse,
   Como viveu;
E o caçador que o avistou prostrado
   Esmoreceu!

Que temes, ó guerreiro? Além dos Andes
   Revive o forte,
Que soube ufano contrastar os medos
   Da fria morte.

III

Em larga roda de novéis guerreiros
Ledo caminha o festival Timbira,
A quem do sacrifício cabe as honras.

Na fronte o canitar sacode em ondas,
O enduape na cinta se embalança,
Na destra mão sopesa a iverapeme,
Orgulhoso e pujante. – Ao menor passo
Colar d'alvo marfim, insígnia d'honra,
Que lhe orna o colo e o peito, ruge e freme,
Como que por feitiço não sabido
Encantadas ali as almas grandes
Dos vencidos Tapuias, inda chorem
Serem glória e brasão d'imigos feros.

"Eis-me aqui, diz ao índio prisioneiro;
"Pois que fraco, e sem tribo, e sem família,
"As nossas matas devassaste ousado,
"Morrerás morte vil da mão de um forte."

Vem a terreiro o mísero contrário;
Do colo à cinta a muçurana desce:
"Dize-nos quem és, teus feitos canta,
"Ou se mais te apraz, defende-te." Começa
O índio, que ao redor derrama os olhos,
Com triste voz que os ânimos comove.

IV

Meu canto de morte,
Guerreiros, ouvi:
Sou filho das selvas,
Nas selvas cresci;
Guerreiros, descendo
Da tribo Tupi.

Da tribo pujante,
Que agora anda errante
Por fado inconstante,
Guerreiros, nasci:
Sou bravo, sou forte,
Sou filho do Norte;
Meu canto de morte,
Guerreiros, ouvi.

Já vi cruas brigas,
De tribos imigas,
E as duras fadigas
Da guerra provei;
Nas ondas mendaces
Senti pelas faces
Os silvos fugaces
Dos ventos que amei.

Andei longes terras,
Lidei cruas guerras,
Vaguei pelas serras
Dos vis Aimorés;
Vi lutas de bravos,
Vi fortes – escravos!
De estranhos ignavos
Calçados aos pés.

E os campos talados,
E os arcos quebrados,
E os piagos coitados
Já sem maracás;
E os meigos cantores,
Servindo a senhores,
Que vinham traidores,
Com mostras de paz.

Aos golpes do imigo
Meu último amigo,
Sem lar, sem abrigo
Caiu junto a mi!
Com plácido rosto,
Sereno e composto,
O acerbo desgosto
Comigo sofri.

Meu pai a meu lado
Já cego e quebrado,
De penas ralado.
Firmava-se em mi:
Nós ambos, mesquinhos,
Por ínvios caminhos,

Cobertos d'espinhos
Chegamos aqui!

O velho no em tanto
Sofrendo já tanto
De fome e quebranto,
Só qu'ria morrer!
Não mais me contenho,
Nas matas me embrenho,
Das frechas que tenho
Me quero valer.

Então, forasteiro,
Caí prisioneiro
De um troço guerreiro
Com que me encontrei:
O cru dessossego
Do pai fraco e cego,
Em quanto não chego,
Qual seja, – dizei!

Eu era o seu guia
Na noite sombria,
A só alegria
Que Deus lhe deixou:
Em mim se apoiava,
Em mim se firmava,
Em mim descansava,
Que filho lhe sou.

Ao velho coitado
De penas ralado,
Já cego e quebrado,
Que resta? – Morrer.
Em quanto descreve
O giro tão breve
Da vida que teve,
Deixai-me viver!

Não vil, não ignavo,
Mas forte, mas bravo,

Serei vosso escravo:
Aqui virei ter.
Guerreiros, não coro
Do pranto que choro;
Se a vida deploro,
Também sei morrer.

V

Soltai-o! – diz o chefe. Pasma a turba;
Os guerreiros murmuram: mal ouviram,
Nem poude nunca um chefe dar tal ordem!
Brada segunda vez com voz mais alta,
Afrouxam-se as prisões, a embira cede,
A custo, sim; mas cede: o estranho é salvo.
– Timbira, diz o índio enternecido,
Solto apenas dos nós que o seguravam:
És guerreiro ilustre, um grande chefe,
Tu que assim do meu mal te comoveste,
Nem sofres que, transposta a natureza,
Com olhos onde a luz já não cintila,
Chore a morte do filho o pai cansado,
Que somente por seu na voz conhece.
– És livre; parte.
                – E voltarei.
                            – Debalde.
– Sim, voltarei, morto meu pai.
                            – Não voltes!
É bem feliz, se existe, em que não veja,
Que filho tem, qual chora: és livre; parte!
– Acaso tu supões que me acobardo,
Que receio morrer!
                – És livre; parte!
– Ora não partirei; quero provar-te
Que um filho dos Tupis vive com honra,
E com honra maior, se acaso o vencem,
Da morte o passo glorioso afronta.

– Mentiste, que um Tupi não chora nunca,
E tu choraste!... parte; não queremos
Com carne vil enfraquecer os fortes.

Sobresteve o Tupi: – arfando em ondas
O rebater do coração se ouvia
Precípite. – Do rosto afogueado
Gélidas bagas de suor corriam:
Talvez que o assaltava um pensamento...
Já não... que na enlutada fantasia,
Um pesar, um martírio ao mesmo tempo,
Do velho pai a moribunda imagem
Quase bradar-lhe ouvia: – Ingrato! ingrato!

Curvado o colo, taciturno e frio,
Espectro d'homem, penetrou no bosque!

VI

– Filho meu, onde estás?
                            – Ao vosso lado;
Aqui vos trago provisões: tomai-as,
As vossas forças restaurai perdidas,
E a caminho, e já!
                            – Tardaste muito!
Não era nado o sol, quando partiste,
E frouxo o seu calor já sinto agora!

– Sim, demorei-me a divagar sem rumo,
Perdi-me nestas matas intrincadas,
Reaviei-me e tomei; mas urge o tempo;
Convém partir, e já!
                            – Que novos males
Nos resta de sofrer? – que novas dores,
Que outro fado pior Tupã nos guarda?
– As setas da aflição já se esgotaram,
Nem para novo golpe espaço intacto
Em nossos corpos resta.
                            – Mas tu tremes!
– Talvez do afã da caça...
                            – Oh filho caro!
Um quê misterioso aqui me fala,
Aqui no coração; piedosa fraude
Será por certo, que não mentes nunca!
Não conheces temor, e agora temes?

Vejo e sei: é Tupã que nos aflige,
E contra o seu querer não valem brios.
Partamos!... –
        E com mão trêmula, incerta
Procura o filho, tateando as trevas
Da sua noite lúgubre e medonha.
Sentindo o acre odor das frescas tintas,
Uma ideia fatal correu-lhe à mente...
Do filho os membros gélidos apalpa,
E a dolorosa maciez das plumas
Conhece estremecendo: – foge, volta,
Encontra sob as mãos o duro crânio,
Despido então do natural ornato!...
Recua aflito e pávido, cobrindo.

Às mãos ambas os olhos fulminados,
Como que teme ainda o triste velho
De ver, não mais cruel, porém mais clara,
Daquele exício grande a imagem viva
Ante os olhos do corpo afigurada.
Não era que a verdade conhecesse
Inteira e tão cruel qual tinha sido;
Mas que funesto azar correra o filho,
Ele o via; ele o tinha ali presente;
E era de repetir-se a cada instante.
A dor passada, a previsão futura
E o presente tão negro, ali os tinha;
Ali no coração se concentrava,
Era num ponto só, mas era a morte!

– Tu prisioneiro, tu?
              –Vós o dissestes.
– Dos índios?
        – Sim.
             – De que nação?
                     – Timbiras.
– E a muçurana funeral rompeste,
Dos falsos manitôs quebraste a maça...
– Nada fiz... aqui estou.
            – Nada! –
                Emudecem;

Curto instante depois prossegue o velho:
– Tu és valente, bem o sei; confessa,
Fizeste-o, certo, ou já não foras vivo!

– Nada fiz; mas souberam da existência
De um pobre velho, que em mim só vivia...
– E depois?...
        – Eis-me aqui.
                – Fica essa taba?
– Na direção do sol, quando transmonta.
– Longe?
    – Não muito.
           – Tens razão: partamos.
– E quereis ir?...
        – Na direção do ocaso.

VII

"Por amor de um triste velho,
Que ao termo fatal já chega,
Vós, guerreiros, concedestes
A vida a um prisioneiro.
Ação tão nobre vos honra,
Nem tão alta cortesia
Vi eu jamais praticada
Entre os Tupis, – e mas foram
Senhores em gentileza.

"Eu porém nunca vencido,
Nem nos combates por armas,
Nem por nobreza nos atos;
Aqui venho, e o filho trago.
Vós o dizeis prisioneiro,
Seja assim como dizeis;
Mandai vir a lenha, o fogo,
A maça do sacrifício
E a musurana ligeira:
Em tudo o rito se cumpra!
E quando eu for só na terra,
Certo acharei entre os vossos,

Que tão gentis se revelam,
Alguém que meus passos guie;
Alguém, que vendo o meu peito
Coberto de cicatrizes,
Tomando a vez de meu filho,
De haver-me por pai se ufane!"

Mas o chefe dos Timbiras,
Os sobrolhos encrespando,
Ao velho Tupi guerreiro
Responde com torvo acento:

– Nada farei do que dizes:
É teu filho imbele e fraco!
Aviltaria o triunfo
Da mais guerreira das tribos
Derramar seu ignóbil sangue:
Ele chorou de cobarde;
Nós outros, fortes Timbiras,
Só de heróis fazemos pasto. –

Do velho Tupi guerreiro
A surda voz na garganta
Faz ouvir uns sons confusos,
Como os rugidos de um tigre,
Que pouco a pouco se assanha!

VIII

"Tu choraste em presença da morte?
Na presença de estranhos choraste?
Não descende o cobarde do forte;
Pois choraste, meu filho não és!
Possas tu, descendente maldito
De uma tribo de nobres guerreiros,
Implorando cruéis forasteiros,
Seres presa de vis Aimorés.

"Possas tu, isolado na terra,
Sem arrimo e sem pátria vagando,
Rejeitado da morte na guerra,

Rejeitado dos homens na paz,
Ser das gentes o espectro execrado;
Não encontres amor nas mulheres,
Teus amigos, se amigos tiveres,
Tenham alma inconstante e falaz!

"Não encontres doçura no dia,
Nem as cores da aurora te ameiguem,
E entre as larvas da noite sombria
Nunca possas descanso gozar:
Não encontres um tronco, uma pedra,
Posta ao sol, posta às chuvas e aos ventos,
Padecendo os maiores tormentos,
Onde possas a fronte pousar.

"Que a teus passos a relva se torre;
Murchem prados, a flor desfaleça,
E o regato que límpido corre,
Mais te acenda o vesano furor;
Suas águas depressa se tornem,
Ao contacto dos lábios sedentos,
Lago impuro de vermes nojentos,
Donde fujas com asco e terror!

"Sempre o céu, como um teto incendido.
Creste e punja teus membros malditos
E o oceano de pó denegrido
Seja a terra ao ignavo Tupi!
Miserável, faminto, sedento,
Manitôs lhe não falem nos sonhos,
E do horror os espectros medonhos
Traga sempre o cobarde após si.

"Um amigo não tenhas piedoso
Que o teu corpo na terra embalsame,
Pondo em vaso d'argila cuidoso
Arco e frecha e tacape a teus pés!
Sê maldito, e sozinho na terra;
Pois que a tanta vileza chegaste,
Que em presença da morte choraste,
Tu, cobarde, meu filho não és."

IX

Isto dizendo o miserando velho
A quem Tupã tamanha dor, tal fado
Já nos confins da vida reservara,
Vai com trêmulo pé, com as mãos já frias
Da sua noite escura as densas trevas
Palpando. – Alarma! alarma! – O velho para!
O grito que escutou é voz do filho,
Voz de guerra que ouviu já tantas vezes
Noutra quadra melhor. – Alarma! alarma!
– Esse momento só vale apagar-lhe
Os tão compridos trances, as angústias,
Que o frio coração lhe atormentaram
De guerreiro e de pai: – vale, e de sobra.
Ele que em tanta dor se contivera,
Tomado pelo súbito contraste,
Desfaz-se agora em pranto copioso,
Que o exaurido coração remoça.

A taba se alborota, os golpes descem,
Gritos, imprecações profundas soam,
Emaranhada a multidão braveja,
Revolve-se, enovela-se confusa,
E mais revolta em mor furor se acende.
E os sons dos golpes que incessantes fervem.
Vozes, gemidos, estertor de morte
Vão longe pelas ermas serranias
Da humana tempestade propagando
Quantas vagas de povo enfurecido
Contra um rochedo vivo se quebravam.
Era ele, o Tupi; nem fora justo
Que a fama dos Tupis – o nome, a glória,
Aturado labor de tantos anos,
Derradeiro brasão da raça extinta.
De um jacto e por um só se aniquilasse.
– Basta! clama o chefe dos Timbiras,
– Basta, guerreiro ilustre! assaz lutaste,
E para o sacrifício é mister forças. –

O guerreiro parou, caiu nos braços
Do velho pai, que o cinge contra o peito,
Com lágrimas de júbilo bradando:
"Este, sim, que é meu filho muito amado!
"E pois que o acho em fim, qual sempre o tive,
"Corram livres as lágrimas que choro,
"Estas lágrimas, sim, que não desonram."

X

Um velho Timbira, coberto de glória,
    Guardou a memória
Do moço guerreiro, do velho Tupi!
E à noite, nas tabas, se alguém duvidava
    Do que ele contava,
Dizia prudente: "Meninos, eu vi!

"Eu vi o brioso no largo terreiro
    Cantar prisioneiro
Seu canto de morte, que nunca esqueci:
Valente, como era, chorou sem ter pejo;
    Parece que o vejo,
Que o tenho nest'hora diante de mi.
Eu disse comigo: Que infâmia d'escravo!
    Pois não, era um bravo;
Valente e brioso, como ele, não vi!
E à fé que vos digo: parece-me encanto
    Que quem chorou tanto,
Tivesse a coragem que tinha o Tupi!"

Assim o Timbira, coberto de glória,
    Guardava a memória
Do moço guerreiro, do velho Tupi.
E à noite nas tabas, se alguém duvidava
    Do que ele contava,
Tornava prudente: "Meninos, eu vi!"

MARABÁ

Eu vivo sozinha; ninguém me procura!
    Acaso feitura
    Não sou de Tupá!
Se algum dentre os homens de mim não se esconde:
– "Tu és," me responde,
    "Tu és Marabá!"

– Meus olhos são garços, são cor das safiras,
– Têm luz das estrelas, têm meigo brilhar;
– Imitam as nuvens de um céu anilado,
– As cores imitam das vagas do mar!

Se algum dos guerreiros não foge a meus passos:
    "Teus olhos são garços,"
Respondo anojado, mas és Marabá:
"Quero antes uns olhos bem pretos, luzentes,
    "Uns olhos fulgentes,
"Bem pretos, retintos, não cor d'anajá!"

– É alvo meu rosto da alvura dos lírios,
– Da cor das areias batidas do mar;
– As aves mais brancas, as conchas mais puras
– Não têm mais alvura, não têm mais brilhar. –

Se ainda me escuta meus agros delírios:
    – "És alva de lírios",
Sorrindo responde, mas és Marabá:
"Quero antes um rosto de jambo corado,
    "Um rosto crestado
"Do sol do deserto, não flor de cajá."

– Meu colo de leve se encurva engraçado,
– Como hástea pendente do cacto em flor;
– Mimosa, indolente, resvalo no prado,
– Como um soluçado suspiro de amor! –

"Eu amo a estatura flexível, ligeira,
    Qual duma palmeira",
Então me respondem; tu és Marabá:
Quero antes o colo da ema orgulhosa,
    Que pisa vaidosa,
"Que as flóreas campinas governa, onde está".

– Meus loiros cabelos em ondas se anelam,
– O oiro mais puro tem seu fulgor;
– As brisas nos bosques de os ver se enamoram,
– De os ver tão formosos como um beija-flor! –

Mas eles respondem: "Teus longos cabelos,
    São loiros, são belos,
Mas são anelados; tu és Marabá:
Quero antes cabelos, bem lisos, corridos,
    Cabelos compridos,
Não cor d'oiro fino, nem cor d'anajá."

E as doces palavras que eu tinha cá dentro
    A quem nas direi?
O ramo d'acácia na fronte de um homem
    Jamais cingirei:

Jamais um guerreiro da minha arasoia
    Me deprenderá:
Eu vivo sozinha, chorando mesquinha,
    Que sou Marabá!

CANÇÃO DO TAMOIO
(NATALÍCIA)

I

Não chores, meu filho;
Não chores, que a vida
É luta renhida:
Viver é lutar.
A vida é combate,
Que os fracos abate,
Que os fortes, os bravos,
Só pode exaltar.

II

Um dia vivemos!
O homem que é forte
Não teme da morte;
Só teme fugir;
No arco que entesa
Tem certa uma presa,
Quer seja tapuia,
Condor ou tapir.

III

O forte, o cobarde
Seus feitos inveja
De o ver na peleja
Garboso e feroz;
E os tímidos velhos

Nos graves concelhos,
Curvadas as frontes,
Escutam-lhe a voz!

IV

Domina, se vive;
Se morre, descansa
Dos seus na lembrança,
Na voz do porvir.
Não cures da vida!
Sê bravo, sê forte!
Não fujas da morte,
Que a morte há de vir!

V

E pois que és meu filho,
Meus brios reveste;
Tamoio nasceste,
Valente serás.
Sê duro guerreiro,
Robusto, fragueiro,
Brasão dos tamoios
Na guerra e na paz.

VI

Teu grito de guerra
Retumbe aos ouvidos
D'imigos transidos
Por vil comoção;
E tremam d'ouvi-lo
Peor que o sibilo
Das setas ligeiras,
Peor que o trovão.

VII

E a mãe nessas tabas,
Querendo calados

Os filhos criados
Na lei do terror;
Teu nome lhes diga,
Que a gente imiga
Talvez não escute
Sem pranto, sem dor!

VIII

Porém se a fortuna,
Traindo teus passos,
Te arroja nos laços
Do imigo falaz!
Na última hora
Teus feitos memora,
Tranquilo nos gestos,
Impávido, audaz.

IX

E cai como o tronco
Do raio tocado,
Partido, rojado
Por larga extensão;
Assim morre o forte!
No passo da morte
Triunfa, conquista
Mais alto brasão.

X

As armas ensaia,
Penetra na vida:
Pesada ou querida,
Viver é lutar.
Se o duro combate
Os fracos abate,
Aos fortes, aos bravos,
Só pode exaltar.

POESIAS DIVERSAS

OLHOS VERDES

Eles verdes são:
E têm por usança,
Na cor esperança,
E nas obras não.
CAM. Rim.

São uns olhos verdes, verdes,
Uns olhos de verde-mar,
Quando o tempo vai bonança;
Uns olhos cor de esperança.
Uns olhos por que morri;
   Que ai de mi!
Nem já sei qual fiquei sendo
   Depois que os vi!

Como duas esmeraldas,
Iguais na forma e na cor,
Tem luz mais branda e mais forte,
Diz uma – vida, outra – morte;
Uma – loucura, outra – amor.
   Mas ai de mi!
Nem já sei qual fiquei sendo
   Depois que os vi!

São verdes da cor do prado,
Exprimem qualquer paixão,
Tão facilmente se inflamam,
Tão meigamente derramam
Fogo e luz do coração;
   Mas ai de mi!
Nem já sei qual fiquei sendo
   Depois que os vi!

São uns olhos verdes, verdes,
Que podem também brilhar;

Não são de um verde embaçado,
Mas verdes da cor do prado,
Mas verdes da cor do mar.
    Mas ai de mi!
Nem já sei qual fiquei sendo
    Depois que os vi!

Como se lê num espelho,
Pude ler nos olhos seus!
Os olhos mostram a alma,
Que as ondas postas em calma
Também refletem os céus;
    Mas ai de mi!
Nem já sei qual fiquei sendo
    Depois que os vi!

Dizei vós, ó meus amigos,
Se vos perguntam por mi,
Que eu vivo só da lembrança
De uns olhos cor de esperança.
De uns olhos verdes que vi!
    Que ai de mi!
Nem já sei qual fiquei sendo
    Depois que os vi!

Dizei vós: Triste do bardo!
Deixou-se de amor finar!
Viu uns olhos verdes, verdes,
Uns olhos da cor do mar:
Eram verdes sem esp'rança,
Davam amor sem amar!
Dizei-o vós, meus amigos,
    Que ai de mi!
Não pertenço mais à vida
    Depois que os vi!

SOBRE O TÚMULO DE UM MENINO

25 de outubro de 1848.

O invólucro de um anjo aqui descansa,
Alma do céu nascida entre amargores,
Como flor entre espinhos! – tu, que passas,
Não perguntes quem foi. – Nuvem risonha
Que um instante correu no mar da vida;
Romper da aurora que não teve ocaso,
Realidade no céu, na terra um sonho!
Fresca rosa nas ondas da existência,
Levada à plaga eterna do infinito,
Como of'renda de amor ao Deus que o rege;
Não perguntes quem foi, não chores: passa.

SAUDADES

A MINHA IRMÃ J. A. de M.

I

Eras criança ainda; mas teu rosto
De ver-me ao lado teu se espanejava
À luz fugaz de um infantil sorriso!
Eras criança ainda; mas teus olhos
De uma brandura angélica, indizível,
De simpáticas lágrimas turbavam-se
Ao ver-me o aspecto merencório e triste;
E amigo refrigério me sopravam,
Um bálsamo divino sobre as chagas
Do coração, que a dor me espedaçava!
A luz de uma razão que desabrocha,
As leves graças, que a inocência adornam,
Os infantis requebros, as meiguices
De uma alma ingênua e pura – em ti brilhavam.
Eu, gasto pela dor antes do tempo,
Conhecendo por ti o que era a infância,
Remoçava de ver teu rosto belo.
Pouco era vê-lo! – em ti me transformava;
Bebendo a tua vida em longos tragos,
Todo o teu ser em mim se transfundia:
Meu era o teu viver, sem que o soubesses,
Tua inocência, tuas graças minhas:
Não, não era ditoso em tais momentos,
Mas de que era infeliz me deslembrava!

———

Tinhas sobre mim poder imenso,
Indizível condão, e o não sabias!
Assim da tarde a brisa corre à terra,
Embalsamando o ar e o céu de aromas:
Enreda-se entre flores suspirosa,
Geme entre as flores que o luar prateia,
E não sabe, e não vê, quantos queixumes
Apaga – quantas mágoas alivia!
Assim, durante a noite, o passarinho
Em moita de jasmins derrama oculto
Merencórias canções nos mansos ares;
E não sabe, o feliz, de quantos olhos
Tristes, mas doces lágrimas, arranca!

II

Perderam-te os meus olhos um momento!
E na volta o meu rosto transtornado,
As vestes lutuosas, que eu trajava,
O mudo, amargo pranto que eu vertia,
Anúncio triste foi de uma desdita,
Qual jamais sentirás: teus tenros anos
Pouparam-te essa dor, que não tem nome.
De quando sobre as bordas de um sepulcro
Anseia um filho, e nas feições queridas
Dum pai, dum conselheiro, dum amigo
O selo eterno vai gravando a morte!
Escutei suas últimas palavras,
Repassando de dor! – junto ao seu leito,
De joelhos, em lágrimas banhado,
Recebi os seus últimos suspiros.
E a luz funérea e triste que lançaram
Seus olhos turvos ao partir da vida
De pálido clarão cobriu meu rosto,
No meu amargo pranto refletindo
O cansado porvir que me aguardava!

———

Tu nada viste, não; mas só de ver-me,
Flor que sorrias ao nascer da aurora

No denso musgo dos teus verdes anos,
A procela iminente pressentiste,
Curvaste o leve hastil, e sobre a terra
Da noite o puro aljôfar derramaste.

III

O encanto se quebrara! – duros fados
Inda outra vez de ti me separavam.
Assim dois ramos verdes juntos crescem
Num mesmo tronco; mas se o raio os toca,
Lascado o mais robusto cai sem graça
De rojo sobre o chão, em quanto o outro
Da primavera as galas pavoneia!
Já não há quem de novo uni-los possa,
Quem os force a vingar e a florir juntos!

Parti, dizendo adeus à minha infância,
Aos sítios que eu amei, aos rostos caros,
Que eu já no berço conheci, – àqueles
De quem mau grado, a ausência, o tempo, a morte
E a incerteza cruel do meu destino,
Não me posso lembrar sem ter saudades,
Sem que aos meus olhos lágrimas despontem.
Parti! sulquei as vagas do oceano;
Nas horas melancólicas da tarde,
Volvendo atrás o coração e o rosto,
Onde o sol, onde a esp'rança me ficava,
Misturei meus tristíssimos gemidos
Aos sibilos dos ventos nas enxárcias!

Revolvido e cavado o negro abismo,
Rugia indômito a meus pés: sorvia
No fragor da procela os meus soluços.
Vago triste e sozinho sobre os mares,
– Dizia eu entre mim, – na companhia

De crestados, de ríspidos marujos,
Mais duros que o seu côncavo madeiro!
Ave educada nas floridas selvas,
Vim da praia beijar a fina areia.
Subitâneo tufão arrebatou-me,
Perdi a verde relva, o brando ninho,
Nem jamais casarei doces gorjeios
Ao saudoso rugir dos meus palmares;
Porém a branca angélica mimosa,
Com seu candor enamorando as águas,
Florece às margens do meu pátrio rio.

IV

Largo espaço de terras estrangeiras
E de climas inóspitos e duros
Interpôs-se entre nós! – Ao ver nublado
Um céu d'inverno e as árvores sem folhas,
De neve as altas serras branqueadas,
E entre esta natureza fria e morta
A espaços derramadas pelos vales
Triste oliveira, ou fúnebre cipreste,
O coração se me apertou no peito.
Arrasados de lágrimas os olhos,
Segui no pensamento as andorinhas,
Nos invejados voos! – procuravam,
Como eu também nos sonhos que mentiam,
A terra que um sol cálido vigora,
E em frouxa languidez estende os nervos.
Pátria da luz, das flores! – nunca eu veja
O sol, que adoro tanto, ir afundar-se
Nestes da Europa revoltosos mares;
Nem tíbia lua, involta em nuvens densas,
Luzindo mortuária sobre os campos
De frios seus queimados. – Ai! dizia,
Ai daquele que um fado aventureiro,
Qual destroço de mísero naufrágio,
A longínqua e remota plaga arroja!
Ai daquele que em terras estrangeiras
Corta nas asas do desejo o espaço,
Em quanto a realidade o vexa entorno

E opresso o coração de dor estala!
Onde a pedra, onde o seio em que descanse?
Que arbusto há de prestar-lhe grata sombra
E olentes flores derramar co'a brisa
Na fronte encadecida? Peregrino,
Em toda a parte forasteiro o chamam!
Insensível a dor, na sua marcha,
Não, não atende ao termo da jornada;
Mas volta atrás o rosto, – e entre as sombras
Confusas do horizonte – enxerga apenas
O bébil fio da esperança teso,
E da ingrata distância adelgaçado!

———

E todavia amei! pude um momento
Ver perto a doce imagem debruçada
Nas águas do Mondego, – ouvir-lhe um terno
Suspiro do imo peito, mais ameno,
Mais saudoso que as auras encantadas,
Que entre os seus salgueirais moram loquaces!
Foi um momento só! – talvez agora
Nas mesmas águas se repete imagem
Dos meus sonhos de então! – talvez a brisa,
Nas folhas dos salgueiros murmurando,
Meu nome junto ao seu repete aos ecos,
Que eu, triste e longe dela, escuto ainda!

———

Sim, amei; fosse embora um só momento!
Meu sangue, requeimado ao sol dos trópicos,
Em vivas labaredas conflagrou-se.
Feliz naquele incêndio ardeu minha alma,
Um ano, talvez mais! Qual foi primeiro
A soltar, a romper tão doces laços
Não podera dizê-lo, em que o quisesse.
Tão louco estava então, – dores tão cruas,
Mágoas tantas depois me acabrunharam,
Que desse meu passado extinta a ideia,
Deixou-me apenas um sofrer confuso,

Como quem de um mau sonho se recorda!
Assim, depois de arder um denso bosque
Dos ventos à mercê revoa a cinza
Num páramo deserto! Nada, resta;
Nem se quer a vereda solitária,
A cuja extremidade o amor velava!

V

Rotos na infância os laços de família,
Os fados me vedavam reatá-los,
Ter a meu lado uma consorte amada,
Rever-me na afeição dos filhos caros,
Viver neles, curar do seu futuro
E neste empenho consumir meus dias;
Mas ao menos, pensava, – ser-me-á dado
Amimar e suster nos meus joelhos
Da minha irmã querida a tenra prole,
Incliná-la a piedade, e ao relatar-lhe
Os sucessos da minha vida errante,
Inocular-lhe o dom fatal das lágrimas!
Essa mesma esperança não me ilude;
Ave educada nas floridas selvas,
Um tufão me expeliu do pátrio ninho.
As tardes dos meus dias borrascosos
Não terei de passar, sentado à porta
Do abrigo de meus pais, – nem longe dele,
Verei tranquilo aproximar-se o inverno,
E pôr do sol dos meus cansados anos!

De OS TIMBIRAS

POEMA AMERICANO

INTRODUÇÃO

Os ritos semibárbaros dos Piagas,
Cultores de Tupã, e a terra virgem
Donde como dum trono, enfim se abriram
Da cruz de Cristo os piedosos braços;
As festas, e batalhas mal sangradas
Do povo Americano, agora extinto,
Hei de cantar na lira. – Evoco a sombra
Do selvagem guerreiro!... Torvo o aspecto,
Severo e quase mudo, a lentos passos,
Caminha incerto, – o bipartido arco
Nas mãos sustenta, e dos despidos ombros
Pende-lhe a rota aljava... as entornadas,
Agora inúteis setas, vão mostrando
A marcha triste e os passos mal seguros
De quem, na terra de seus pais, embalde
Procura asilo, e foge o humano trato.

Quem podera, guerreiro, nos seus cantos
A voz dos Piagas teus um só momento
Repetir; essa voz que nas montanhas
Valente retumbava, e dentro d'alma
Vos ia derramando arrojo e brios,
Melhor que taças de cauim fortíssimo?!
Outra vez a chapada e o bosque ouviram
Dos filhos de Tupã a voz e os feitos
E as pocemas de morte, levantadas
Dentro do circo, onde o fatal delito
Expia o malfadado prisioneiro,
Qu'enxerga a maça e sente a muçurana

Cingir-lhe os rins a enodoar-lhe o corpo:
E sós de os escutar mais forte acento
Haveriam de achar nos seus refolhos
O monte e a selva e novamente os ecos.

Como os sons do boré, soa o meu canto
Sagrado ao rodo povo americano:
Quem quer que a natureza estima e preza
E gosta ouvir as empoladas vagas
Bater gemendo as cavas penedias,
E o negro bosque sussurrando ao longe
Escute-me. – Cantor modesto e humilde,
A fronte não cingi de mirto e louro,
Antes de verde rama engrinaldei-a.
D'agrestes flores enfeitando a lira;
Não me assentei nos cimos do Parnaso,
Nem vi correr a linfa da Castália.
Cantor das selvas, entre bravas matas
Áspero tronco da palmeira escolho.
Unido a ele soltarei meu canto,
Em quanto o vento nos palmares zune,
Rugindo os longos encontrados leques.

Nem só me escutareis fereza e mortes:
As lágrimas do orvalho por ventura
Da minha lira distendendo as cordas,
Hão de em parte ameigar e embrandecê-las.
Talvez o lenhador quando acomete
O tronco d'alto cedro corpulento,
Vem-lhe tingido o fio da segure
De puro mel, que abelhas fabricaram;
Talvez tão bem nas folhas qu'engrinaldo,
A acácia branca o seu candor derrame
E a flor do sassafraz se estrele amiga.

OUTRAS POESIAS

CAXIAS

Ao Aniversário da sua Independência
1º de agosto.

Caxias, bela flor, lírio dos vales,
Gentil senhora de mimosos campos,
Como por tantos anos foste escrava,
Como a indócil cerviz curvaste ao jugo?
Oh! como longos anos insofríveis,
Rainha altiva, destoucada e bela,
Rojaste aos pés de um régulo soberbo?
À míngua definhaste em negro cárcere,
Onde um raio de sol não penetrava;
Em masmorra cruel, donde não vias
Cintilar o clarão d'amiga estrela...
Oh! não, que a luz da esp'rança tinhas n'alma,
E o sol da liberdade um dia viste,
De glória e de fulgor resplandecente,
Em céus sem nuvens no horizonte erguido.

Eis o som do tambor atroa os vales,
O clangor da trombeta, os sons das armas,
A terra abalam, despertando os ecos.
– Eia! oh bravos, erguei-vos, – à peleja,
À fome, à sede, às privações, – erguei-vos!
Tu, Caxias, acorda, – tu, rainha,
Lâmina d'aço puro, envolta em ferro
Ao sol refulgirás; – flor que esmoreces
À míngua d'ar, em cárcere de vidro,
Em ar mais livre cobrarás alento.
Graça, vida e frescor da liberdade.
Antemural do lusitano arrojo,
Último abrigo seu, – feros soldados,

Veteranas coortes nos teus montes
Cravam bélicas tendas! – Um guerreiro.
O nobre Fidié, que a antiga espada
Do valor português empunha ardido,
No seu mando as retém: debalde, ó forte,
Expões teus dias! teu esforço inútil
Não susta o sol no rápido declive,
Que imerge aquém dos Andes orgulhosos
D'África e d'Ásia os desbotados louros!

Eia! – O brônzeo canhão rouqueja, estoura,
Ribomba o férreo som dum eco em outro,
Nuvens de fumo e pó lá se condensam...
Correi, bravos, correi!... mas tu és livre,
És livre como o arbusto dos teus prados,
Livre como o condor que aos céus se arroja;
És livre! – mas na acesa fantasia
Debuxava-me o espírito exaltado
Fráguas cruas de morte, o horror da guerra
Descobrir, contemplar. – Oh! fora belo
Arriscar a existência em pró da pátria,
Regar de rubro sangue o pátrio solo,
E sangue e vida abandonar por ela.
Longe, delírios vãos, longe, fantasmas
    De ardor febricitante!
À glória deste dia comparar-se
Pode acaso visão, delírio, ou sonho?
    Ao fausto aniversário
    Da nossa independência?
    Aclamações altíssonas
Corram nos ares da imortal Caxias:
Seja padrão de glória entre nós outros
    Santificada aurora,
Que os vis grilhões de escravos viu partidos.

A HARMONIA

I

Os cantos cantados
Na eterna cidade
À só potestade
Da terra e dos céus,
São ledos concertos
D'infinda alegria
Mas essa harmonia
Dos filhos de Deus
   – Quem ouve? – Os arcanjos,
   Que ao rei dos senhores
   Entoam louvores,
   Que vivem de amar.

II

E o giro perene
Dos astros, dos mundos
Dos eixos profundos
No eterno volver;
Do caos medonho
A triste harmonia,
Da noite sombria
No eterno jazer,
   – Quem ouve? – Os arcanjos
   Que os astros regulam,
   Que as notas modulam
   Do eterno girar.

III

E as aves trinando,
E as feras rugindo,
E os ventos sunindo
Da noite no horror,
Também são concertos;
Mas esses rugidos
E tristes gemidos
E incerto rumor,
 – Quem houve? – O poeta
 Que imita e suspira
 Nas cordas da lira
 Mais doce cantar.

IV

E as iras medonhas
Do mar alterado,
Ou manso e quebrado
Sem rumo a vagar,
Também são concertos;
Mas essa harmonia
De tanta poesia,
Quem sabe escutar!
 – Quem sabe? – O poeta
 Que os tristes gemidos
 Concerta aos rugidos
 Das vagas do mar.

V

E os meigos acentos
Duma alma afinada
E a voz repassada
D'interno chorar,
Também são concertos,
Mas essa harmonia,
Que Deus nos envia
No alheio penar,

Quem sente? – Quem sofre,
Que a dor embriaga,
Que triste se paga
D'interno pesar.

VI

Se a meiga harmonia
Do céu vem à terra,
Um cântico encerra
De glória e de amor;
Mas quando remonta,
Dos homens, das aves,
Das brisas suaves,
Do mar em furor,
    São tímidas queixas,
    Que aflitas murmuram,
    Que o trono procuram,
    Do seu criador.

A TEMPESTADE

*Quem porfiar contigo... ousara
Da glória o poderio;
Tu que fazes gemer pendido o cedro
Turbar-se o claro rio?*
A. Herculano

Um raio
Fulgura
No espaço
Esparso,
De luz;
E trêmulo
E puro
Se aviva,
S'esquiva,
Rutila,
Seduz!

Vem a aurora
Pressurosa,
Cor-de-rosa,
Que se cora
De carmim;
A seus raios
As estrelas,
Que eram belas,
Têm desmaios,
Já por fim.

O sol desponta
Lá no horizonte,
Doirando a fonte,
E o prado e o monte
E o céu e o mar;

E um manto belo
De vivas cores
Adorna as flores,
Que entre verdores
Se vê brilhar.

Um ponto aparece,
Que o dia entristece,
O céu, onde cresce,
De negro a tingir;
Oh! vede a procela
Infrene, mas bela,
No ar s'encapela
Já pronta a rugir!

Não solta a voz canora
No bosque o vate alado,
Que um canto d'inspirado
Tem sempre a cada aurora;
É mudo quanto habita
Da terra n'amplidão.
A coma então luzente

    Se agita do arvoredo,
    E o vate um canto a medo
    Desfere lentamente,
    Sentindo opresso o peito
    De tanta inspiração.

Fogem do vento que ruge
As nuvens aurinevadas,
Como ovelhas assustadas
Dum fero lobo cerval;
Estilham-se como as velas
Que no alto mar apanha,
Ardendo na usada sanha,
Subitâneo vendaval.

Bem como serpentes que o frio
Em nós emaranha, – salgadas

As ondas s'estranham, pesadas
Batendo no frouxo areal.
Disseras que viras vagando
Nas furnas do céu entreabertas
Que mudas fuzilam, – incertas
Fantasmas do gênio do mal!

E no túrgido ocaso se avista
Entre a cinza que o céu apolvilha,
Um clarão momentâneo que brilha,
Sem das nuvens o seio rasgar;
Logo um raio cintila e mais outro,
Ainda outro veloz, fascinante,
Qual centelha que em rápido instante
Se converte d'incêndios em mar.

Um som longínquo cavernoso e ouco
Rouqueja, e n'amplidão do espaço morre;
Eis outro inda mais perto, inda mais rouco,
Que alpestres cimos mais veloz percorre,
Troveja, estoura, atroa; e dentro em pouco
Do norte ao sul, – dum ponto a outro corre:
Devorador incêndio alastra os ares,
Enquanto a noite pesa sobre os mares.

Nos últimos cimos dos montes erguidos
Já silva, já ruge do vento o pegão;
Estorcem-se os leques dos verdes palmares,
Volteiam, rebramam, doudejam nos ares,
Até que lascados baqueiam no chão.

Remexe-se a copa dos troncos altivos,
Transtorna-se, tolda, baqueia também;
E o vento, que as rochas abala no cerro,
Os troncos enlaça nas asas de ferro,
E atira-os raivoso dos montes além.

Da nuvem densa, que no espaço ondeia,
Rasga-se o negro bojo carregado,
E enquanto a luz do raio o sol roxeia,

Onde parece à terra estar colado,
Da chuva, que os sentidos nos enleia,
O forte peso em turbilhão mudado,
Das ruínas completa o grande estrago,
Parecendo mudar a terra em lago.

Inda ronca o trovão retumbante,
Inda o raio fuzila no espaço,
E o corisco num rápido instante
Brilha, fulge, rutila, e fugiu.
Mas se à terra desceu, mirra o tronco,
Cega o triste que iroso ameaça,
E o penedo, que as nuvens devassa,
Como tronco sem viço partiu.

   Deixando a palhoça singela,
   Humilde labor da pobreza,
   Da nossa vaidosa grandeza,
   Nivela os fastígios sem dó;
   E os templos e as grimpas soberbas,
   Palácio ou mesquita preclara,
   Que a foice do tempo poupara,
   Em breves momentos é pó.

      Cresce a chuva, os rios crescem,
      Pobres regatos s'empolam,
      E nas turvas ondas rolam
      Grossos troncos a boiar!
      O córrego, qu'inda há pouco
      No torrado leito ardia,
      É já torrente bravia,
      Que da praia arreda o mar.

         Mas ai do desditoso,
         Que viu crescer a enchente
         E desce descuidoso
         Ao vale, quando sente
         Crescer dum lado e d'outro

O mar da aluvião!
Os troncos arrancados
Sem rumo vão boiantes;
E os tetos arrasados,
Inteiros, flutuantes,
Dão antes crua morte,
Que asilo e proteção!

   Porém no ocidente
   S'ergue de repente
   O arco luzente,
   De Deus o farol;
   Sucedem-se as cores,
   Qu'imitam as flores,
   Que sembram primores
   Dum novo arrebol.

      Nas águas pousa;
      E a base viva
      De luz esquiva,
      E a curva altiva
      Sublima ao céu;
      Inda outro arqueia,
      Mais desbotado,
      Quase apagado,
      Como embotado
      De tênue véu.

         Tal a chuva
         Transparece,
         Quando desce
         E ainda vê-se

            O sol luzir;
            Como a virgem,
            Que numa hora
            Ri-se e cora,
            Depois chora
            E torna a rir.

A folha
Luzente
Do orvalho
Nitente
A gota
Retrai:
Vacila,
Palpita;
Mais grossa,
Hesita,
E treme
E cai.

De MEDITAÇÃO
(FRAGMENTO)
1846

CAPÍTULO PRIMEIRO

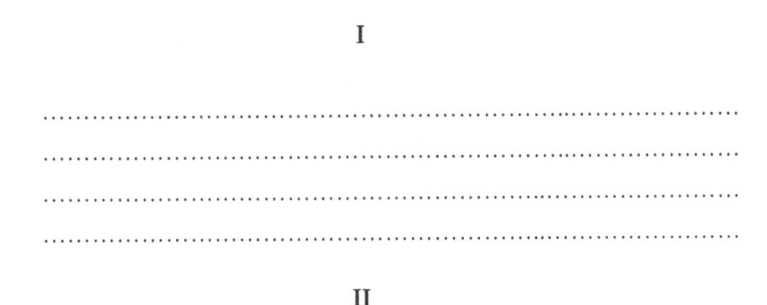

I

....
....
....
....

II

Então o velho estendendo a mão descamada e macilenta tocou as minhas pálpebras.

E as minhas pálpebras cintilaram como sentindo o contacto de um corpo eletrizado.

E diante dos meus olhos se estendeu uma corrente de luz suave e colorida, como a luz de uma aurora boreal.

E o ancião me disse: "Olha do norte ao sul – do ocaso ao nascer do sol – 'té onde alcançar a luz dos teus olhos e dize-me o que vês."

E o seu gesto era soberano e tremendo como o gesto de um monarca irritado.

E a sua voz solene e grave como a voz do sacerdote, que salmeia uma oração fúnebre em noite de enterramento.

E eu levei os meus olhos do norte ao sul – do ocaso ao nascer do sol – 'té onde eles alcançavam – e respondi:

"Meu pai, vejo diante de meus olhos uma prodigiosa extensão de terreno: é por ventura algum grande império – tão grande espaço me parece que encerra.

"E as árvores, que o sombreiam, são robustas e frondosas – como se desde a criação presenciassem o incessante volver dos séculos.

"E a relva que o tapisa é densa e aveludada; e as suas flores melindrosas e perfumadas, e as suas aves canoras e brilhantes como as suas flores.

"E o céu que cobre essa terra bendita é sereno e estrelado, e parece refletir nas suas cores fulgentes o sorriso benévolo e carinhoso de quando o Criador o suspendia nos ares como um rico diamante pendente do seu trono.

"E sobre essa terra mimosa, por baixo dessas árvores colossais – vejo milhares de homens – de fisionomias discordes, de cor vária, e de caracteres diferentes.

"E esses homens formam círculos concêntricos, como os que a pedra produz caindo no meio das águas plácidas de um lago.

"E os que formam os círculos externos têm maneiras submissas e respeitosas, são de cor preta; – e os outros, que são como um punhado de homens, formando o centro de todos os círculos, têm maneiras senhoris e arrogantes; – são de cor branca.

"E os homens de cor preta têm as mãos presas em longas correntes de ferro, cujos anéis vão de uns a outros – eternos como a maldição que passa de pais a filhos!"

III

E eu falava ainda – quando um mancebo imberbe, saindo dentre os homens de cor branca, açoitou as faces de outro de cor preta com o reverso de sua mão esquerda.

E o ofendido, velho e curvado sob o peso dos anos, cruzou os braços musculosos, apesar da velhice, e deixou pender a cabeça sobre o peito.

E após um instante de silêncio profundo, arrojou-se aos pés de um ancião de cor branca, clamando justiça com voz abafada.

E um dentre estes, na flor da idade, ergueu-se iroso entre o homem de cabelos brancos e o preto injuriado que pedia justiça, e o lançou por terra.

E o ancião de cor branca, que, longe do bulício do mundo, havia meditado longos anos, soltou um suspiro das profundezas do peito.

E os elos da corrente, que manietava os homens de cor preta, soltaram um som áspero e discorde como o rugido de uma pantera.

E eu vi que esses homens tentavam desligar-se das suas cadeias, e que dos pulsos roxeados lhes corria o sangue sobre as suas algemas.

E vi que o ferro resistia às suas tentativas; mas também vi que a sua raiva era frenética, e que o sangue que lhes manava das feridas cerceava o ferro como o enxofre incendido.

IV

E o ancião me disse: "Afasta os olhos dos homens que sofrem, e dos que fazem sofrer, como de um objeto impuro, e volve-os em redor de ti".

E eu afastei os olhos desse espetáculo lutuoso, e volvi-os em redor de mim.

E vi algumas cidades, vilas e aldeias disseminadas pela vasta extensão daquele império, como árvores raquíticas plantadas em desertos infrutíferos.

E nessas cidades, vilas e aldeias havia um fervilhar de homens, velhos e crianças, correndo todos em direções diversas, e com rapidez diferente como homens carentes de juízo.

E as suas ruas eram tortuosas, estreitas e mal calçadas – como obra da incúria – e as suas casas, baixas, feias e sem elegância, não rivalizavam com a habitação dos castores.

E os seus palácios eram sem pompa e sem grandeza, e os seus templos sem dignidade e sem religião.

E os seus rios – obstruídos por alguns troncos desenraizados – eram cortados por jangadas mal tecidas, ou por miseráveis canoas de um só toro de madeira.

E nessas cidades, vilas e aldeias, nos seus cais, praças e chafarizes – vi somente – escravos!

E à porta ou no interior dessas casas mal construídas e nesses palácios sem elegância – escravos!

E no adro ou debaixo das naves dos templos – de costas para as imagens sagradas, sem temor, como sem respeito – escravos!

E nas jangadas mal tecidas – e nas canoas de um só toro de madeira – escravos; – e por toda a parte – escravos!!...

Por isto o estrangeiro que chega a algum porto do vasto império consulta de novo a sua derrota e observa atentamente os astros – porque julga que um vento inimigo o levou às costas d'África.

E conhece por fim que está no Brasil – na terra da liberdade, na terra ataviada de primores e esclarecida por um céu estrelado e magnífico!

Mas grande parte da sua população é escrava – mas a sua riqueza consiste nos escravos – mas o sorriso – o deleite do seu comerciante – do seu agrícola – e o alimento de todos os seus habitantes é comprado à custa do sangue do escravo!

E nos lábios do estrangeiro, que aporta ao Brasil, desponta um sorriso irônico e despeitoso – e ele diz consigo, que a terra – da escravidão – não pode durar muito; porque ele é crente, e sabe que os homens são feitos do mesmo barro – sujeitos às mesmas dores e às mesmas necessidades.

V

"E sabes tu – perguntou-me o ancião – por que as vossas ruas são estreitas tortuosas, e mal calçadas – e por que as vossas casas são baixas, feias, e sem elegância?

"Sabes por que são vossos palácios sem pompa e sem grandeza e os vossos templos sem dignidade e sem religião?

"Sabes por que é miserável a vossa marinha – e por que se ri o estrangeiro que aporta ao Brasil?

"É porque o belo e o grande é filho de pensamento – e o pensamento do belo e do grande é incompatível com o sentir do escravo."

E o escravo – é o pão, de que vos alimentais – as telas, que vestis o vosso pensamento cotidiano – e o vosso braço incansável!

"Vê as pirâmides do Egito – sarcófagos gigantescos, que lá se vão perder nas entranhas das nuvens – tão elevadas como o mais elevado pensamento.

"Vê os templos gregos, cuja elegante arquitetura buscava assento em meio de vales deleitosos, harmonizando-se com céu da Grécia, e com a fertilidade e vida da sua gleba!

"Vê nas cúpulas árabes – essa floresta de colunas de mil cores – rodando em um peristilo circular semelhante às tendas das tribos nômadas e patriarcais.

"Vê os templos da Idade Média, essas epopeias do Cristianismo – com os seus zimbórios volumosos – com os seus campanários terminados em agulhas sutis e afiadas, que elevam o pensamento além das nuvens.

"Esses túmulos – bem como as ruínas dos palácios e dos templos de Mênfis – revelam uma ideia, porque os egípcios a gravaram nas suas obras debaixo dos hieróglifos que os sacerdotes multiplicaram na fachada dos seus templos e nas paredes dos seus edifícios.

"Os gregos realizaram o belo-ideal; e os árabes, tentando realizá-lo, transformaram a sua tenda de um dia em habitações duradouras; porque eles eram livres nos atos e nos pensamentos – livres, como o simum dos seus areais.

"E os bizarros brutescos da arquitetura gótica representam a vida – porém a vida multíplice e variada; e a agulha dos seus templos figuravam o infinito, e o seu cimento indestrutível traz à lembrança as ideias mais puras da moral – Deus e a imortalidade.

"E os pagodes da China, ou a pedra druídica no meio das florestas gaulesas, ou mesmo as inscrições e imperfeitos desenhos dos vossos índios na superfície lisa dos rochedos do Iapurá, dizem mais e são mais belos que os vossos edifícios sem expressão, nem sentimento!

"E o escravo não pode ser arquiteto, porque a escravidão é mesquinha, e porque a arquitetura, filha do pensamento, é livre como o vento que varre a terra.

"E o escravo será negligente e inerte, porque não lhe aproveitará o suor do seu rosto; porque a sua obra não será a recompensa do seu trabalho; porque a sua inteligência é limitada, e porque ele não tem o amor da glória.

"E o homem livre dará de mão às boas-artes, porque não quer ombrear com o escravo, que é infame e desonroso.

"E não se dará às artes mecânicas, que são o emprego do liberto e daqueles que não são homens.

"E não se dará à marinha, esse potente veículo do comércio e da civilização, porque a marinha está inçada de escravos.

"E se os seus vestidos roçarem a opa do escravo, ou a esclavina do liberto, ele os sacudirá com asco; e se a sua mão tocar amigavelmente a mão do escravo, ele a cerceará do pulso – como pois o chamará colega?!"

VI

"Um dia aparecestes sobre a terra com todos os vícios de uma nação decadente, como se houvésseis vivido longos anos.

"E nem sequer provastes aquelas amargas lições da experiência, que as nações colhem durante a sua existência política, bem como os homens durante a sua vida!

"E como a juventude – orgulhosos e fátuos – julgais que todos vos obedecem – quando a todos vos sujeitais: julgais que existis – quando sois meramente prelúdio de vida – um feto gigânteo que começa a desenvolver-se debaixo da influência poderosa do sol dos trópicos.

"E se possível fosse que um dos grandes homens do velho mundo – hoje se erguesse em meio de vós outros – do seu sepulcro, onde ele dorme o sono eterno, embalado pelos encômios das gerações que passam, ele pediria os vossos anais para que soubesse que passo andastes no caminho do progresso, e que bem fizestes à humanidade!

"Porque eles sabem que as nações formam-se, progridem, e decaem com o mesmo movimento, que talvez se pudesse marcar por uma como dinâmica e terapêutica social.

"E ele vos diria que antes que os helenos curvassem a cabeça ao jugo otomano foram guerreiros da *Ilíada* – os de Maratônia e Salamina, e os sábios do tempo de Péricles.

"E antes que os romanos passassem meia vida nas suas termas perfumadas, e antes fossem os autores de moles serenatas e de cançonetas de amor, foram os conquistadores da Gália, – da Ibéria – e da Escandinávia, e os senhores do mundo conhecido, e os artistas de Leão X.

"E antes que os bretões se dessem à orgia e à intemperança depois das sessões dos seus parlamentos, antes que dessem ao mundo estupefato o espetáculo das suas fantásticas extravagâncias foram os companheiros dos reis – Artur – Henrique – e Ricardo, e os filósofos e literatos do século XVI e do século XVII.

"E os gauleses também foram os guerreiros de Breno – os companheiros de Luís o Santo, de Baiardo – o último cavaleiro, e de Francisco – o rei cavalheiroso, e os homens de Luís XIV.

"Passaram todos da idade da força à idade da razão; do reinado das armas ao reinado da inteligência, para depois adormecerem sobre o fruto dos seus trabalhos, como o vindimador junto aos cestos que ele mesmo enchera de apetitosos cachos.

"Não assim vós, que sois uma anomalia na ordem social, como o que nasce adulto com os vícios e as fraquezas da idade provecta, e com o ceticismo do homem pervertido.

"E não tereis vós de retroceder pelo mesmo caminho, por onde agora divagais – ou vos lançou Deus sobre a terra por que servísseis de lição ao porvir e de escarmento às gerações futuras?!"

VII

E o ancião falava ainda, porém o meu pensamento não o escutava, que os meus olhos seguiam um objeto horrível como o talvez de um grande infortúnio.

Como Laocoonte, sofrendo terríveis agonias, concentrava todas as suas forças para livrar-se dos anéis vigorosos da serpente que o enlaçava.

Como no meio de uma habitação que arde, o homem – louco e delirante – agarra-se às traves em brasa meio comidas pelo incêndio, e não sente a dor do fogo que lhe rói a carne dos membros.

Os homens, que sofriam, reuniram-se como um só homem, e soltaram um grito horríssono, como seria o desabar dos mundos.

E pareceu-me que eles se transformavam em unidade como um colosso enorme e válido, cuja fronte se perdia nas nuvens, e cujos pés se enterravam em uma sepultura imensa, e profunda como um abismo.

E o colosso tinha as feições horrivelmente contraídas pela raiva, e com os braços erguidos tentava descarregar às mãos ambas um golpe que seria de extermínio.

E a vítima era um povo inteiro; eram os filhos de uma numerosa família, levados ao sacrifício por seus pais – como Abraão levou a Isaque, seu filho.

E como Isaque, as vítimas deste sacrifício cruento cortado a lenha para a sua fogueira, e adormeceram sobre ela, sonhando um festim suntuoso.

E como Isaque também eles acordaram com as espadas sobre as suas cabeças, e o seu despertar foi terrível, porque somente Deus os poderia salvar.

E um calafrio de terror percorreu a medula dos meus ossos, e o meu sangue parou nas minhas veias, e o meu coração cessou de bater.

E o ancião, que tudo sabia, compreendeu o meu sofrimento, e tirou a mão de sobre as minhas pálpebras, e os meus olhos se abriram de novo.

E um manto de trevas impenetráveis se desenrolou subitamente diante dos meus olhos, como diante dos olhos de Tobias, quando o Senhor quis provar a sua virtude.

E eu percebi que a vida fugia dos meus sentidos, e caí de face contra a terra com a inércia de um corpo sem vida.

Caxias, 23 de junho de 1845.

BIOBIBLIOGRAFIA

ANTONIO GONÇALVES DIAS (Caxias, Maranhão, 1823 – Maranhão, naufrágio do *Ville de Boulogne*, 1864). Filho de português e de mestiça, ele costumava dizer que trazia no sangue as etnias formadoras do Brasil – branco, negro e índio. Cedo vai para Coimbra onde estuda leis e entra em conhecimento com a poesia romântica através de A. Herculano e A. Garrett, passando a adotá-la em sua prática. Em Portugal também entra em contato com a rica tradição portuguesa, que aparece em sua obra teatral, todas de assunto português. Aí escreve também a "Canção do Exílio". De volta ao Brasil (1845) se relaciona com o grupo de Gonçalves de Magalhães e se entrega à poesia indianista a que iria emprestar grandeza e dignidade, forma e expressão consagradoras. Oficialmente protegido, consegue ingressar como professor no colégio Pedro II, assumindo logo em seguida importantes missões tanto no país como fora dele, sem deixar de lado sua obra, que continua a ser publicada, lhe traz glória e consagração. Enquanto isso sua vida pessoal tende a complicações, primeiro com a recusa, pela família, do pedido de casamento a Ana Amélia, ao que tudo indica por questões de preconceito, o que o leva ao intempestivo casamento com Olimpia Coriolabo da Costa, com quem viria a ter um filho e da qual se separaria logo mais, entregando-se ao trabalho. Numa dessas missões, de retorno da Europa, doente e muito fraco, vem a falecer à vista do Maranhão, no naufrágio do *Ville de Boulogne*.

OBRAS

Teatro:
Patkull, 1843; *Beatrix Cenci*, 1843; *Leonorde Mendonça*, 1847.

Poesia:
Primeiros cantos, 1846; *Segundos cantos*, 1848; *Sextilhas do Frei Antão*, 1848; *Últimos cantos*, 1851; *Cantos*, 1857; *Os Timbiras*, 1857.

Outros:
Meditação, prosa, escrito em 1845-1846; *Brasil e Oceania*, escrito em 1852; *Dicionário da língua Tupi*, 1848.

ÍNDICE

INTRODUÇÃO..7

De PRIMEIROS CANTOS

Poesias americanas

Prólogo da primeira edição 17
Canção do exílio 18
O canto do guerreiro...19
O canto do Piaga 22
Deprecação...25

Poesias diversas

A minha musa 28
A leviana..32
Delírio..34
Sofrimento...36
A escrava 38
Quadras da minha vida 41

Hinos

O mar...49
Rosa no mar 51
Ideia de Deus 54

De NOVOS CANTOS

Não me deixes!..61
Rola..62
Ainda uma vez – adeus! 63
Se se morre de amor!..69

De SEXTILHAS DO FREI ANTÃO

Loa da princesa santa 75

De ÚLTIMOS CANTOS

Poesias americanas

O gigante de pedra..93
Leito de folhas verdes 98
I-Juca-Pirama..100
Marabá...114
Canção do Tamoio 116

Poesias diversas

Olhos verdes 120
Sobre o túmulo de um menino......................................122
Saudades 123

De OS TIMBIRAS

Poema americano

Introdução...131

OUTRAS POESIAS

Caxias...134
A harmonia 136
A tempestade..139

De MEDITAÇÃO

Capítulo Primeiro 147

BIOBIBLIOGRAFIA..154

COLEÇÃO MELHORES CONTOS

ALUÍSIO AZEVEDO
Seleção e prefácio de Ubiratan Machado

ANTÓNIO DE ALCÂNTARA MACHADO
Seleção e prefácio de Marcos Antonio de Moraes

ARTUR AZEVEDO
Seleção e prefácio de Antonio Martins de Araujo

ARY QUINTELLA
Seleção e prefácio de Monica Rector

AURÉLIO BUARQUE DE HOLANDA
Seleção e prefácio de Luciano Rosa

AUTRAN DOURADO
Seleção e prefácio de João Luiz Lafetá

BRENO ACCIOLY
Seleção e prefácio de Ricardo Ramos

CAIO FERNANDO ABREU
Seleção e prefácio de Marcelo Secron Bessa

DOMINGOS PELLEGRINI
Seleção e prefácio de Miguel Sanches Neto

EÇA DE QUEIRÓS
Seleção e prefácio de Herberto Sales

EDLA VAN STEEN
Seleção e prefácio de Antonio Carlos Secchin

FAUSTO WOLFF
Seleção e prefácio de André Seffrin

HÉLIO PÓLVORA
Seleção e prefácio de André Seffrin

HERBERTO SALES
Seleção e prefácio de Judith Grossmann

HERMILO BORBA FILHO
Seleção e prefácio de Silvio Roberto de Oliveira

HUMBERTO DE CAMPOS*
Seleção e prefácio de Evanildo Bechara

IGNÁCIO DE LOYOLA BRANDÃO
Seleção e prefácio de Deonísio da Silva

J. J. VEIGA
Seleção e prefácio de J. Aderaldo Castello

JOÃO ALPHONSUS
Seleção e prefácio de Afonso Henriques Neto

JOÃO ANTÔNIO
Seleção e prefácio de Antônio Hohlfeldt

JOÃO DO RIO
Seleção e prefácio de Helena Parente Cunha

JOÃO GUIMARÃES ROSA
Seleção e prefácio de Walnice Nogueira Galvão

JOEL SILVEIRA
Seleção e prefácio de Lêdo Ivo

LÊDO IVO
Seleção e prefácio de Afrânio Coutinho

LIMA BARRETO
Seleção e prefácio de Francisco de Assis Barbosa

LUIZ VILELA
Seleção e prefácio de Wilson Martins

LYGIA FAGUNDES TELLES
Seleção e prefácio de Eduardo Portella

MACHADO DE ASSIS
Seleção e prefácio de Domício Proença Filho

MARCOS REY
Seleção e prefácio de Fábio Lucas

MÁRIO DE ANDRADE
Seleção e prefácio de Telê Ancona Lopez

MARQUES REBELO
Seleção e prefácio de Ary Quintella

MOACYR SCLIAR
Seleção e prefácio de Regina Zilbermann

NÉLIDA PIÑON
Seleção e prefácio de Miguel Sanches Neto

ORÍGENES LESSA
Seleção e prefácio de Glória Pondé

OSMAN LINS
Seleção e prefácio de Sandra Nitrini

RIBEIRO COUTO
Seleção e prefácio de Alberto Venancio Filho

RICARDO RAMOS
Seleção e prefácio de Bella Jozef

RUBEM BRAGA
Seleção e prefácio de Davi Arrigucci Jr.

SALIM MIGUEL
Seleção e prefácio de Regina Dalcastagnè

SIMÕES LOPES NETO
Seleção e prefácio de Dionísio Toledo

WALMIR AYALA
Seleção e prefácio de Maria da Glória Bordini

*PRELO

"A lírica de Gonçalves Dias singulariza-se no conjunto da poesia romântica brasileira como a mais literária, isto é, a que melhor exprime o caráter mediador entre os polos da expressão e da construção."

Alfredo Bosi

"Gonçalves Dias se destaca no medíocre panorama da primeira fase romântica pelas qualidades superiores de inspiração e consciência artística.

No romantismo é o escritor sobre todos decoroso e elegante, nem por isso menos forte na expressão e rico na personalidade. O seu traço peculiar consiste por ventura nessa difícil coexistência da medida com o vigor, num tempo em que os temperamentos literários mais poderosos se realizavam pelo transbordamento."

Antonio Candido

"A maior parte da lírica de Gonçalves Dias inspira-se ora na natureza, ora na religião, mas sobretudo nas suas próprias tristezas.

Não foi o introdutor do índio na poesia brasileira; soube todavia, como ninguém antes ou depois dele, insuflar vida no tema tão caro ao sentimento nacional da época."

Manuel Bandeira

"Os impulsos de renovação literária dos nossos românticos da primeira hora os veio perfazer o poderoso talento de Gonçalves Dias. Da poesia genuinamente brasileira, não por exterioridade de inspiração ou de forma ou pela intenção dos temas e motivos, mas pelo íntimo sentimento do nosso gênio com suas idiossincrasias e peculiaridades, em suma da psique nacional, foi ele o nosso primeiro e jamais excedido poeta."

José Veríssimo